BASISWISSEN FIT IM JOB

ZEIT-MANAGEMENT

TIM HINDLE

Dorling Kindersley

DORLING KINDERSLEY

Redaktion David Tombesi-Walton
Bildbetreuung Ellen Woodward

Lektorat Jane Simmonds
Bildredaktion Tracy Hambleton-Miles

DTP-Design Jason Little
Herstellung Silvia La Greca

Cheflektorat Stephanie Jackson
Chefbildlektorat Nigel Duffield

Die Deutsche Bibliothek – CIP-Einheitsaufnahme

Ein Titeldatensatz für diese Publikation ist bei Der Deutschen Bibliothek erhältlich.

Titel der englischen Originalausgabe:
Manage Your Time

Übersetzung Erwin Peters, Helmut Reuter und Wolfgang Rhiel für Redaktionsbüro Dr. Karl-Heinz Ludwig, München
Redaktion Brigitte Maier, Text & Konzept, München
Satz Büro für Informationgestaltung, München

ISBN 3-8310-0173-1

Printed and bound in Hong Kong

Besuchen Sie uns im Internet

www.dk.com

INHALT

KONKRETE VERÄNDERUNGEN

ABSTIMMUNG MIT ANDEREN

EINLEITUNG

Ob zu Hause oder am Arbeitsplatz, für jeden ist es vorteilhaft, seine Zeit so effizient wie möglich zu nutzen. Wenn Sie sich die Zeit nehmen, Ihre Arbeitsweise zu analysieren, so gewinnen Sie dadurch Zeit, um produktiver zu arbeiten und Stress zu vermeiden. In diesem Buch können Sie Schritt für Schritt lernen, Ihre Zeit besser zu nutzen. Sie beginnen damit, einzelne Aspekte, die verbessert werden können, zu isolieren. Dann erfahren Sie, wie Sie sich lang- und kurzfristige Ziele stecken, um eine Rangordnung Ihrer Arbeit festzulegen. Das Buch zeigt, wie Sie bei Konferenzen und auf Geschäftsreisen Zeit sparen und wie Arbeitsunterbrechungen vermieden werden. Außerdem finden Sie 101 Kurztipps mit wichtigen Werkzeugen der Zeitersparnis und erhalten praktische Anleitungen, wie Sie Mitarbeiter, Kollegen und Vorgesetzte beeinflussen können, um Ihre Arbeit erfolgreicher und angenehmer zu gestalten.

Ein neues Zeit-verständnis

Zeit ist Ihre wertvollste Ressource. Wenn Sie Ihren Umgang mit Zeit regelmäßig analysieren, lernen Sie die effizientesten Methoden, wie Sie Ihre Zeit am besten nutzen.

Auf die Zeit achten

Wenn Sie Ihre Zeit effektiv nutzen möchten, um all das zu tun, was Sie am Arbeitsplatz und zu Hause machen wollen, müssen Sie sich Ihre Gewohnheiten bewusst machen und die Haltungen überdenken, die Ihren Umgang mit Zeit prägen.

1 Nehmen Sie sich Zeit, über Ihre Zeiteinteilung nachzudenken.

Kulturelle Unterschiede

Die Wahrnehmung der Zeit und ihre Verwendung ist weltweit verschieden. Unterschiede drücken sich oft in der Zahl der Arbeitsstunden aus, der Bedeutung von Pünktlichkeit oder der Freizeitverwendung. Arbeiten Sie im Ausland, so passen Sie sich den dortigen Gepflogenheiten an.

Einstellung ändern

Unsere Einstellung zur Zeit ist komplex und ändert sich ständig. Viele dieser Änderungen werden durch neue Technologien verursacht, die Arbeit, Reisen und Kommunikation beeinflussen. Telefon und Fax, Internet und E-Mail ermöglichen sofortigen Informationsaustausch. Große Entfernungen zu überbrücken wurde schneller und erschwinglicher. Die Vielfalt der heutigen Möglichkeiten lässt uns an einem Tag viel mehr erledigen, hat aber auch den Zeitdruck, der auf uns lastet, erheblich erhöht. Umso wichtiger ist es, unsere Zeit möglichst effizient und produktiv zu nutzen.

ZEIT VERNÜNFTIG NUTZEN

Alle wissen: Zeit ist Geld. In der Firma müssen die einzelnen Mitarbeiter und Abteilungen verantworten, wie sie ihre Arbeitszeit nutzen. Termine werden definiert und Zeitüberschreitungen mit Strafen belegt. Die Unternehmenskultur kann erheblichen Einfluss darauf haben, wie die Angestellten ihre Zeit nutzen. In allzu vielen Firmen gilt der Grundsatz, lange zu arbeiten heiße schwer zu arbeiten. Aber zu lange Arbeitszeit kann Effizienz und Produktivität beeinträchtigen. Wie Sie mit Zeit umgehen, ist eine Gewohnheit, also verwenden Sie Zeit darauf, Ihre Gewohnheiten zu überdenken und zu ändern. Sie werden damit belohnt, dass Sie die Arbeit im Griff behalten und Zeit für die wichtigsten Aspekte Ihrer Tätigkeit gewinnen.

2 Gliedern Sie komplexe Aufgaben auf, und beginnen Sie sofort.

▼ FRAGEN BEANTWORTEN

Ein Manager, der ständig gestört wird, hat kaum Zeit für seine eigentlichen Aufgaben. Wer seinen Chef immer um Entscheidungen bitten muss, wird unnötig aufgehalten. Planen und delegieren Sie, um Zeitverluste auf allen Ebenen zu minimieren.

Untergebene verschwenden Zeit, wenn sie warten müssen, bis der Chef Zeit für sie hat

Kollegin bittet den Manager um Klärung und Genehmigung

Manager vernachlässigt eigene Arbeit, während er sich mit Fragen beschäftigt

Umgang mit Zeit

Kaum jemand gibt ohne weiteres zu, dass er einen großen Teil seiner Arbeitszeit verschwendet. Das können Sie nur ändern, indem Sie analysieren, wie Sie jetzt mit Ihrer Zeit umgehen, und dann darüber nachdenken, wie Sie sie effektiver einteilen können.

3 Überdenken Sie Ihren Tag auf dem Weg zur Arbeit.

Den Tag bewerten

Ihre Zeit wird meist von vielen verschiedenen Aufgaben beansprucht. Es ist nicht schwer, seine Zeit mit Routinearbeiten, etwa mit dem Lesen von Post, zu Lasten produktiver Aufgaben mit hoher Priorität zu vergeuden. Wie teilen Sie Ihren Tag ein? Setzen Sie Prioritäten, so dass Sie wichtige und dringende Projekte zuerst erledigen? Oder konzentrieren Sie sich zuerst auf die angenehmen Aufgaben? Werden Sie durch Anrufe abgelenkt oder haben Sie das gut organisiert?

4 Delegieren Sie alle Arbeiten, die nicht zeiteffektiv sind.

Was Ihre Zeit kostet

Es ist ernüchternd, genau zu berechnen, wie viel Ihre Zeit kostet, und sich dann vor Augen zu führen, wie viel davon nicht effektiv eingesetzt wird. Verwenden Sie die Formel rechts, um zu ermitteln, wie viel Ihre Arbeitszeit pro Stunde und Minute kostet. Mit dem Ergebnis können Sie leicht die Kosten einiger typischer Alltagsarbeiten berechnen, z. B. was es kostet, wenn Sie eine Konferenz selbst vorbereiten, statt diese Aufgabe Ihrem Assistenten zu übertragen. Überlegen Sie stets, ob Sie Aufgaben delegieren sollten: Im Allgemeinen ist es kosteneffektiver, Routineaufgaben Ihren Mitarbeitern zu übertragen. Managerzeit kostet mehr.

▼ **KOSTENSCHÄTZUNG**

Um zu ermitteln, was eine Minute Ihrer Zeit kostet, multiplizieren Sie Ihr Bruttojahresgehalt mit 1,5 – das entspricht den Arbeitgeberkosten – und teilen das Ergebnis durch die Zahl der jährlichen Arbeitsstunden. Das Ergebnis teilen Sie durch 60.

$$\frac{\text{1,5 x Jahresgehalt}}{\text{Arbeitsstunden pro Jahr}} = \text{Kosten pro Stunde}$$

$$\frac{\text{Kosten pro Stunde}}{60} = \text{Kosten pro Minute}$$

ZEITPROTOKOLL FÜHREN

Wenn Sie täglich aufzeichnen, wie viel Zeit Sie für bestimmte Aktivitäten aufgewandt haben, können Sie Ihre Zeiteinteilung grundlegend verbessern. Sie werden staunen, wie viel Zeit Sie mit Geschwätz vertun und wie wenig Sie für Arbeit und Planung aufwenden. Damit haben Sie einen Ausgangspunkt, um zu beurteilen, welche Bereiche Sie verbessern können. Wie lange Sie ein Zeitprotokoll führen, hängt von der Art Ihrer Tätigkeit ab. Wenn Sie im Monatszyklus arbeiten, dann führen Sie es über mehrere Monate; bei einem wöchentlichen Zyklus reicht ein Zwei- oder Dreiwochenprotokoll.

5 Teilen Sie Ihren Arbeitstag in Abschnitte von je 30 Minuten auf.

▼ TIMEN VON AUFGABEN

Erstellen Sie ein einfaches Zeitprotokoll, indem Sie Ihren Tag in Abschnitte von 30 Minuten gliedern und aufzeichnen, wie Sie Ihre Zeit verwenden. So können Sie erkennen, wie viel Zeit Sie für wofür aufwenden.

Zeit	Montag
8.30	*Zug zur Arbeit – Zeitung gelesen und zum Fenster hinaus gesehen.*
9.00	*Post durchgegangen. Mit Gabi beim Kaffee geplaudert.*
9.30	*Einige E-Mails gelesen.*
10.00	*Übliche Montagskonferenz. Begann 10 Minuten zu spät.*
10.30	*Immer noch Konferenz. Betty angerufen, zum Mittagessen verabredet.*
11.00	*Liste erstellt, was zu tun ist.*
11.30	*Weitere E-Mails gelesen und einige beantwortet.*
12.00	*Lieferanten angerufen wegen verspäteter Lieferungen.*
12.30	*Zu Betty zum Arbeitsessen gefahren, 15 Minuten gewartet.*
13.00	*Arbeitsessen mit Betty, ihre Beförderungsaussichten besprochen. War unkonzentriert.*

Zeit	Montag
13.30	*Essen mit Betty fortgesetzt. Nicht über Arbeit gesprochen.*
14.00	*Rückfahrt ins Büro.*
14.30	*Schreibtisch aufgeräumt. Kaffee gemacht. E-Mails gelesen und Müller geantwortet.*
15.00	*Karl angerufen und für Do verabredet. Zwei Briefe begonnen. Robert rief an.*
15.30	*Anna angerufen wegen Exportumsätze. 15 Minuten über ihre Familie gesprochen.*
16.00	*Heutige Konferenz mit Oliver und Andrea besprochen.*
16.30	*Einen Bericht angefangen, Daten des heutigen Treffens berücksichtigt.*
17.00	*Nochmal nach E-Mails gesehen. Dokumente im Computer neu abgelegt.*
17.30	*Restaurant für morgige Besprechung mit Wolfgang reserviert.*
18.00	*Arbeit mit nach Hause genommen. Im Zug eingeschlafen.*

ZEITPROTOKOLL ÜBERPRÜFEN

Jetzt sollten Sie Ihr Zeitprotokoll analysieren. Ordnen Sie alle 30-Minuten-Abschnitte in Kategorien gemäß der Art der Aufgabe. Berechnen Sie den Zeitaufwand für jede Kategorie, wie z. B. Konferenzen, Post lesen und beantworten, Kollegen helfen oder telefonieren. Jetzt berechnen Sie den prozentualen Zeitanteil, den Sie für jede einzelne Aufgabe verwendet haben. Das vermittelt Ihnen ein deutlicheres Bild Ihres durchschnittlichen Arbeitstags. Auf seiner Grundlage können Sie einschätzen, wie Sie Ihre Zeit in Zukunft sinnvoller verwenden.

6 **Analysieren Sie Ihr Protokoll, um Effizienz zu bewerten.**

7 **Planen Sie auch Zeit zum Nachdenken ein.**

AUFGABEN GLIEDERN

Betrachten Sie die Kategorien, in die Sie Ihre Aufgaben eingeteilt haben, und gliedern Sie diese in Gruppen: Routinearbeiten (z. B. Bericht schreiben), laufende Projekte (z. B. Konferenz organisieren) und Aufgaben, die Sie und Ihr Unternehmen weiterbringen (z. B. neue Verbindungen herstellen). Rechnen Sie für jede Gruppe den Zeitanteil aus.

8 **Schätzen Sie den Zeitaufwand und checken Sie, ob Sie richtig lagen.**

IDEALE ZEITEINTEILUNG — TATSÄCHLICHE ZEITEINTEILUNG

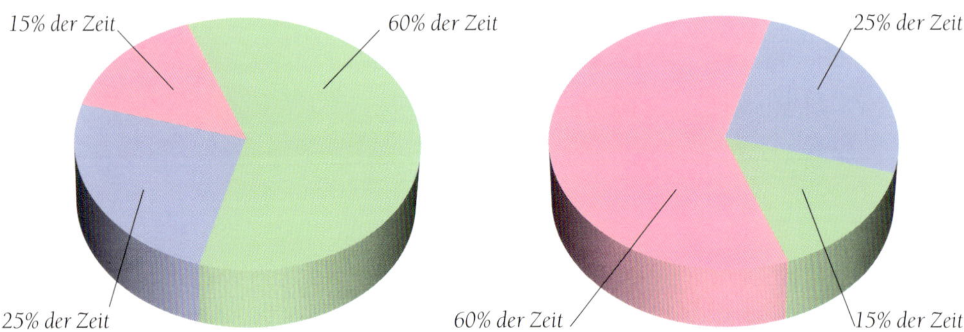

▲ ZEIT ZUWEISEN

Um Ihre Arbeit effektiv zu bewältigen, sollten Sie 60% Ihrer Zeit für Aufgaben der Gruppe 3 verwenden, 25% für Gruppe 2 und nur 15% für Gruppe 1. Tatsächlich verwenden die meisten Leute ihre Zeit im genau umgekehrten Verhältnis: 60% für Gruppe 1, 25% für Gruppe 2 und nur 15% für Gruppe 3.

Gruppe 1: Routineaufgaben
Gruppe 2: Laufende Projekte
Gruppe 3: Planung und Entwicklung

STRUKTUREN ERKENNEN

Nachdem Sie jetzt Ihre Zeiteinteilung ermittelt haben, fragen Sie sich, ob die Aufgliederung den Erwartungen Ihres Arbeitstages entspricht. Verwenden Sie zu viel Zeit auf Aufgaben der Gruppe 1, statt sich auf die wichtigen Dinge der Gruppe 3 zu konzentrieren? Halten Sie sich den ganzen Tag über die Aufteilung dieser Aufgaben vor Augen. Gibt es Zeiten, in denen Sie sehr beschäftigt sind, aber auch lockere Zeiten? Falls ja, suchen Sie Wege, Ihren Arbeitstag zu reorganisieren, so dass Sie gleichmäßig und effizient arbeiten.

9 Führen Sie Ihr Zeitprotokoll aktuell – das Gedächtnis trügt.

WICHTIGE FRAGEN

- **F** Mache ich Dinge, die jemand anderer tun sollte?
- **F** Gibt es Arbeitsstrukturen, die sich wiederholen? Beschäftige ich mich den ganzen Morgen mit Aufgaben der Gruppe 1?
- **F** Kosten gewisse Jobs regelmäßig mehr Zeit, als ich erwarte?
- **F** Habe ich genug Zeit, um kreativ und innovativ zu sein?

EFFIZIENZ EINSCHÄTZEN

Wie nahe liegt Ihr Arbeitsschema am idealen Verhältnis 60:25:15. Wenn Sie meinen, dass Sie zu viel Zeit einer Aufgabengruppe zum Nachteil einer anderen verwenden, überlegen Sie, wie Sie Ihren Tagesplan so organisieren können, dass Ihre Zeit besser eingeteilt ist. Wenn Sie z. B. feststellen, dass Sie Zeit mit Dingen verbringen, die einer Ihrer Mitarbeiter leicht erledigen kann, so delegieren Sie diese Aufgaben. Nur so können Sie Ihre Energie auf Bereiche konzentrieren, die Sie bislang vernachlässigt haben, obwohl sie wesentlich sind.

WIE NUTZEN SIE IHRE ZEIT?

KURZFRISTIG

Nachdem Sie Ihre Zeiteinteilung analysiert haben, können Sie sofort etwas unternehmen, um Zeit zu sparen:

- Machen Sie eine Liste, was zu tun ist, und aktualisieren Sie sie mehrmals täglich.
- Prüfen Sie Ihr Protokoll auf verschwendete Zeit, und denken Sie darüber nach, wie Sie diese Zeit künftig besser nutzen.

LANGFRISTIG

Wenn Sie fundamentale Probleme feststellen, ändern Sie Ihr Arbeitsschema radikal:

- Bestimmen Sie alle negativen Arbeitsmuster. Prüfen Sie, ob sich schlechte Angewohnheiten eingeschlichen haben.
- Wenn Sie die Problembereiche identifiziert haben, nehmen Sie sich Zeit, um über die Schwachpunkte nachzudenken.

Testen Sie sich

Der Schlüssel zum erfolgreichen Management ist der richtige Umgang mit Zeitmanagement. Testen Sie, ob Sie Ihre Zeit richtig nutzen, indem Sie in den folgenden Statements die Anworten ankreuzen, die Ihrer Erfahrung am nächsten kommen. Seien Sie dabei möglichst ehrlich. Ist Ihre Antwort »Nie«, kreuzen Sie 1 an, für »Immer« die 4. Zählen Sie Ihre Punkte zusammen und sehen Sie in der Auswertung nach, wie Sie abgeschnitten haben. Finden Sie heraus, was Sie verbessern können und müssen.

Optionen

1 Nie

2 Manchmal

3 Oft

4 Immer

1 Ich bin stets pünktlich und auf Konferenzen vorbereitet.

1 2 3 4

2 Ich sorge dafür, dass im Konferenzraum eine Uhr im Gesichtsfeld ist.

1 2 3 4

3 Von mir vorbereitete Besprechungen führen zu einem Ergebnis.

1 2 3 4

4 Von mir vorbereitete Besprechungen enden pünktlich.

1 2 3 4

5 Ich lese meine Post, sobald sie auf meinem Schreibtisch landet.

1 2 3 4

6 Ich überfliege relevante Zeitungs- und Zeitschriftenartikel.

1 2 3 4

7 Ich streiche mich aus der Umlaufliste für Zeitschriften, die ich nicht lese.

1 2 3 4

8 Ich lese meine Telefaxe, sobald ich sie bekomme.

1 2 3 4

9 Ich kann Aufgaben ohne Störung durch Kollegen erledigen.

1 2 3 4

10 Ich entscheide, wie oft ich am Tag gestört werden darf.

1 2 3 4

11 Ich reserviere bestimmte Stunden für Kollegenbesuche.

1 2 3 4

12 Ich schließe meine Bürotür, wenn ich über wichtige Dinge nachdenke.

1 2 3 4

13 Ich sage Anrufern, dass ich sie zurückrufen werde, und mache das auch.

1 2 3 4

14 Ich begrenze die Dauer meiner Telefongespräche.

1 2 3 4

15 Ich bitte einen Kollegen oder meine Sekretärin, Anrufe für mich auszusieben.

1 2 3 4

16 Ich entscheide, wie viele Anrufe ich am Tag persönlich führen will.

1 2 3 4

17 Ich überfliege interne Memos, sobald ich sie erhalte.

1 2 3 4

18 Ich lese interne Memos später noch einmal aufmerksam.

1 2 3 4

19 Ich sorge dafür, dass mein Ablagekorb nicht überquillt.

1 2 3 4

20 Ich halte meinen Schreibtisch frei von Papierkram.

1 2 3 4

21 Ich delegiere Arbeiten, die ich selbst erledigen könnte, an Kollegen.

1 2 3 4

22 Ich behalte die Arbeit, die ich delegiert habe, im Auge.

1 2 3 4

23 Ich rege meine Mitarbeiter dazu an, ihre Berichte auf eine Seite zu beschränken.

1 2 3 4

24 Ich überlege, wer die Information, die ich in Umlauf bringe, braucht.

1 2 3 4

25 Meine Zeiteinteilung zum Nachdenken und für Aktivitäten ist ausgewogen

1 2 3 4

26 Ich erstelle eine Liste von den Dingen, die an dem Tag zu erledigen sind.

1 2 3 4

27 Ich beschränke die Arbeit auf eine bestimmte Stundenzahl pro Tag.

1 2 3 4

28 Ich bemühe mich, mit Mitarbeitern persönlichen Kontakt zu unterhalten.

1 2 3 4

29 Ich konzentriere mich auf die positiven Eigenschaften jedes Kollegen.

1 2 3 4

30 Ich sorge dafür, dass ich über Informationstechnologie auf dem Laufenden bleibe.

1 2 3 4

31 Ich lege E-Mails ab, um sie später auf dem Bildschirm abzurufen.

1 2 3 4

32 Ich lege meine Computerdateien übersichtlich ab.

1 2 3 4

AUSWERTUNG

Nachdem Sie die Fragen so ehrlich wie möglich beantwortet haben, addieren Sie Ihre Punkte und vergleichen die Summe mit der nachfolgenden Bewertung. Gleich welches Ergebnis Sie dabei erzielen, denken Sie stets daran, dass man seine Zeit immer besser einteilen kann. Stellen Sie Ihre schwächsten Bereiche fest und lesen Sie die entsprechenden Abschnitte dieses Kapitels noch einmal, um Tipps für einen effektiveren Umgang mit Zeit zu finden.

32-64 Sie müssen lernen, Ihre Zeit besser zu nutzen und die Zeit zu reduzieren, die Sie unproduktiv mit Arbeit verbringen.

65-95 Sie haben akzeptable Fähigkeiten zum Zeitmanagement, aber Verbesserungen sind durchaus möglich.

96-128 Sie nutzen Ihre Zeit sehr effizient; arbeiten Sie weiterhin an Verbesserungen.

GEZIELTE ERFOLGSPLANUNG

Sie können nicht entscheiden, was Sie heute tun sollen, wenn Sie nicht wissen, was Sie morgen erreichen wollen. Jede gute Zeiteinteilung hängt davon ab, ob Sie Ihre Ziele kennen.

ZIELE SETZEN

Langfristige persönliche und berufliche Zielsetzungen sind wesentlich, wenn man Gesamtziele festlegen will. Vorübergehend kann ein persönliches Ziel, wie etwa die Gründung einer Familie, Vorrang vor langfristigen beruflichen Zielen haben.

10 Gliedern Sie langfristige Pläne in kurzfristige Aktionspläne.

ZIELE ABWÄGEN

Kurzfristige berufliche Ziele

Langfristige berufliche Ziele

Kurzfristige persönliche Ziele

Langfristige persönliche Ziele

ZIELE BENENNEN

Schreiben Sie alles auf, was Sie erreichen wollen. Gliedern Sie diese Liste in kurz- und langfristige, persönliche und berufliche Ziele. Erwägen Sie, welche Ihrer Ziele realistisch sind: Ihre physischen Eigenschaften können Sie nicht ändern, aber neue Kenntnisse können Sie sich jederzeit aneignen. Überlegen Sie, was Ihnen fehlt, um die gesteckten Ziele zu erreichen. Da es heutzutage praktisch keine »Lebensstellung« mehr gibt, können Ihre beruflichen Ziele sehr vielfältig sein. Schließlich erstellen Sie einen Zeitplan – bestimmen Sie, wann Sie jedes Ihrer Ziele erreicht haben wollen.

KARRIERE PLANEN

Um weiterzukommen, sollten Sie sich kurz- und langfristige Berufsziele stecken. Berücksichtigen Sie diese Ziele, wenn Sie Ihre tägliche Zeitplanung machen. Es kann lohnend sein, Ihre Erfahrungen und Qualifikationen schriftlich festzuhalten. Vielleicht haben Sie Managementerfahrung nicht nur bei der Arbeit, sondern auch bei der Kinderbetreuung aufgebaut. Listen Sie alle Jobs auf, für die das, was Sie beherrschen, relevant sein könnte.

11 Zeichnen Sie Ihren Berufsweg auf und planen Sie den nächsten Schritt.

DARSTELLUNG IHRES BERUFSLEBENS

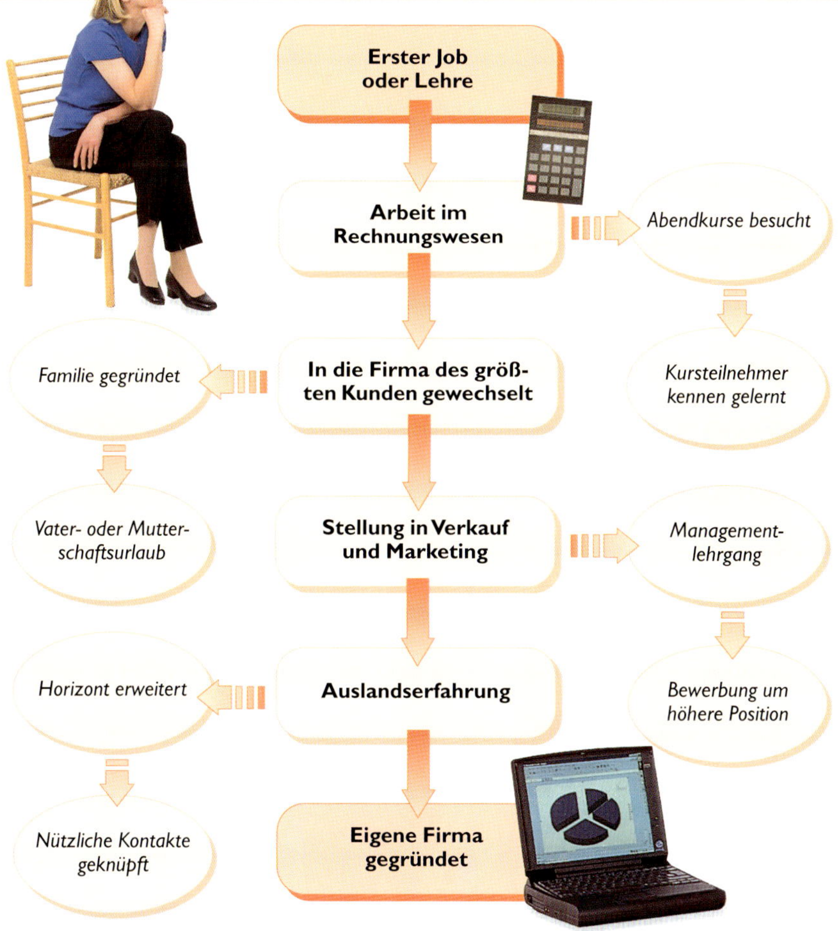

PRIORITÄTEN FESTLEGEN

Nachdem Sie Ihre lang- und kurzfristigen Berufsziele aufgelistet haben, müssen Sie diese nach Priorität ordnen. Jedes Ziel hat Voraussetzungen, die erst erfüllt werden müssen. Entscheiden Sie, welche Aufgaben die wichtigsten und dringlichsten sind.

12 Wenn Sie Aufgaben nicht einordnen können, fragen Sie andere um Rat.

NICHT VERGESSEN

- Ihr Arbeitgeber kann andere Prioritäten haben als Sie.
- Prioritäten ändern sich. Eventuell müssen sie jeden Tag neu festgelegt werden.
- Je näher Sie Ihrem Ziel sind, desto wichtiger ist es, Prioritäten zu setzen und sich auf den nächsten Schritt zu konzentrieren.

13 Erkennen und lösen Sie Prioritätskonflikte.

ARBEITSTAG ANALYSIEREN

Seien Sie bezüglich Ihrer aktuellen Arbeit möglichst ehrlich. Wie viel Zeit investieren Sie für die falschen Dinge zum falschen Zeitpunkt? Wenn Sie täglich zehn verschiedene Aufgaben haben, von Routinejobs bis zu dringenden, komplexen Aufgabenstellungen, was hat dann Priorität?

Analysieren Sie Ihren Arbeitstag sorgfältig und entscheiden Sie, was Routine ist, was laufende mittel- bis langfristige Projekte betrifft, was besonders wichtig ist und was unbedingt noch am gleichen Tag fertig werden muss. Ganz gleich welche Position Sie an Ihrem Arbeitsplatz bekleiden – die sorgfältige Planung und Organisation Ihres Tagesablaufs entscheidet über Ihre Effizienz bei der Arbeit und wie erfolgreich Sie Ihre Ziele erreichen.

AUFGABEN ANALYSIEREN

Machen Sie eine Liste der aktuellen, bevorstehenden und regelmäßigen Aufgaben. Dann gliedern Sie diese in drei Kategorien: A, B oder C.

- A: wichtige und dringende Aufgaben.
- B: Aufgaben, die wichtig oder dringend sind, aber nicht beides zugleich.
- C: Aufgaben, die weder wichtig noch dringend, sondern Routine sind.

Im Zweifelsfall können Sie eine Aufgabe wahrscheinlich unter C setzen oder ganz streichen.

14 Prüfen Sie, ob Prioritäten Ihrer Kollegen Ihren eigenen im Wege stehen.

ARBEIT VORRANGIG SETZEN ODER DELEGIEREN

Um Ihre Prioritäten zu spezifizieren, nehmen Sie sich nochmals Ihre Aufgabenliste vor. Jetzt machen Sie drei gesonderte Listen, je eine für A-, B- und C-Aufgaben. Beginnen sie mit der A-Liste und entscheiden Sie, welche Aufgaben in Zusammenarbeit mit anderen gelöst werden können, welche nur Sie erledigen können und welche zu delegieren sind. Überlegen Sie dabei, ob nicht so manches überflüssig ist und gestrichen werden kann. Ziehen Sie Leute zu den Aufgaben heran, die man sich aufteilen kann, und delegierende Sie sofort. Jetzt sind die A-, B- und C- Listen schon kürzer. Für die Aufgaben, die nur Sie selbst erledigen können, können Sie jetzt den nächsten Schritt angehen: Planen Sie Ihren Tag. Schätzen Sie ab, wie viel Zeit Sie zur Ausführung jeder einzelnen Aufgabe benötigen. Berücksichtigen Sie bei dieser Planung regelmäßige Termine und längerfristige Projekte.

15 Ordnen Sie alle Arbeitsverpflichtungen gemäß ihrer Bedeutung.

16 Ist Ihr Terminkalender voll mit A-Aufgaben, müssen Sie delegieren.

AUFGABEN IM GLEICHGEWICHT HALTEN

TAGESPLANUNG

Jeder Arbeitstag sollte eine Mischung von A-, B und C-Aufgaben enthalten. Planen Sie eine Auswahl von Aufgaben, die Sie ganz realistisch an einem Tag bewältigen können, ohne den Arbeitstag auf 20 Stunden auszudehnen. Verteilen Sie die drei Aufgabenarten wechselweise über den ganzen Tag, planen Sie also nicht alle A-Aufgaben für den frühen Morgen. Sie sollten Blöcke intensiver Konzentration (A-Aufgaben) mit weniger anspruchsvollen Aufgaben der Gruppen B und C auflockern.

AUFGABEN NACH PRIORITÄTEN ORDNEN

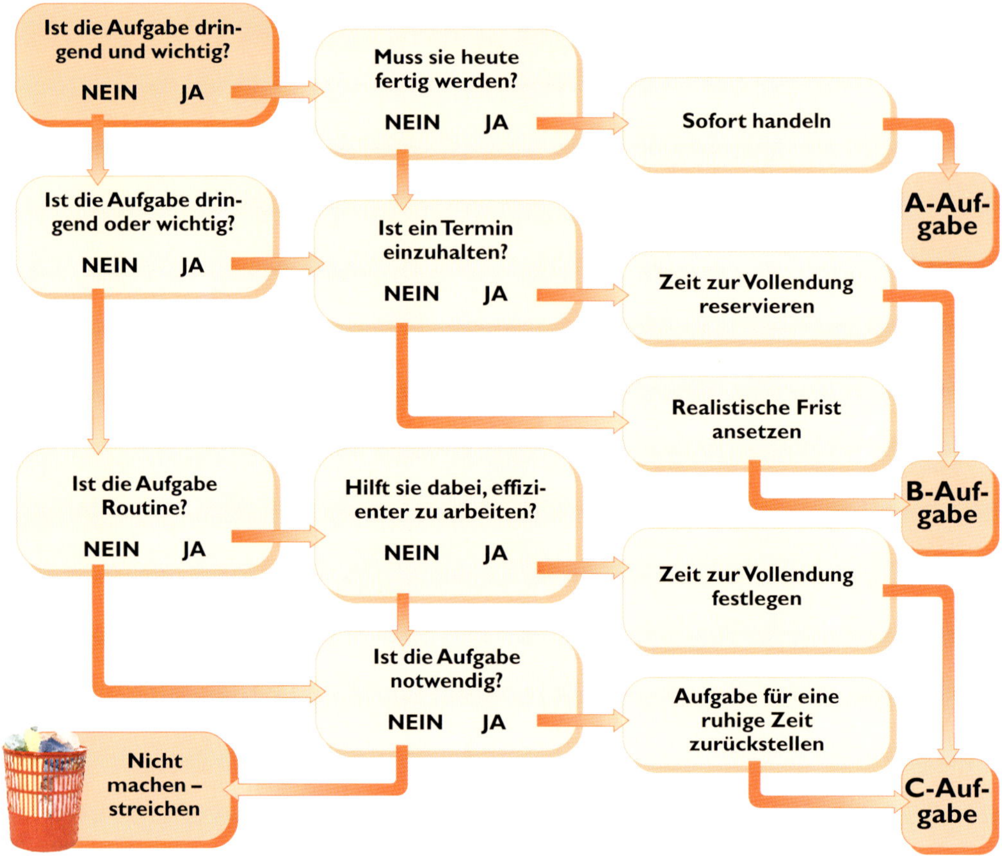

17 Verändern Sie Prioritäten ständig bei Änderungen oder neuer Information.

FORDERUNGEN ABWÄGEN

Prioritäten ändern sich ständig, weil wir dauernd Information bekommen, sei es über E-Mail, Telefon oder von einem Kollegen, der gerade mal hereinschaut. Neue Information kann die Bedeutung oder Dringlichkeit einer Sache grundlegend ändern. Weshalb unbedingt heute einen Bericht für die morgige Konferenz vorbereiten, wenn die Besprechung um drei Tage verschoben wurde? Sobald Sie neue relevante Informationen erhalten, ordnen Sie Ihre Prioritätenliste anschließend neu.

NICHT VERGESSEN

- Zeit zum Erstellen eines Plans ist niemals verschwendet – langfristig sparen Sie dadurch Zeit.
- Stress vermeiden Sie, indem Sie Ihr Tempo auf Ihr Arbeitsleben abstimmen, nicht nur auf einen Tag.
- Zeitmanagement heißt, die Dinge effektiver zu erledigen, nicht einfach nur schneller.
- Ausgeglichene Ernährung ist für das Konzentrationsvermögen wichtig – planen Sie regelmäßige Pausen.
- Ruhige Zeit im Büro, wenn z. B. die anderen nicht da sind, kann sehr effektiv genutzt werden.

18 Um Diskussionen kurz zu halten, vermeiden Sie irrelevante Fragen.

REALISTISCH SEIN

Kaum etwas ist aufreibender als übertriebene Erwartungen, also seien Sie realistisch bezüglich dessen, was Sie sich innerhalb einer bestimmten Frist vornehmen und erreichen können. Sie haben nichts davon, wenn Sie sich oder Ihre Kollegen mit einem übermäßig ehrgeizigen Plan belasten, den Sie nicht erfüllen können. Lernen Sie, Ihre Grenzen zu erkennen, und nehmen Sie kein Projekt in Angriff, das Sie nicht erfolgreich vollenden können.

Ebenso wie mit sich selbst sollten sie mit Ihren Erwartungen in Bezug auf andere realistisch sein. Überfordern Sie Ihre Kollegen nicht, sonst sind diese frustriert, weil sie Ihre Aufgaben nicht bewältigen können. Wenn Sie einmal festgelegt haben, was normalerweise für Sie oder für andere erreichbar ist, steigern Sie Ihre Ansprüche von Zeit zu Zeit. Jeder Mensch braucht zuweilen eine Herausforderung bei seiner Arbeit. Man fühlt sich besser, wenn man etwas geleistet hat, was die normalen Erwartungen und Erfahrungen übertrifft.

RUHEZEIT EINPLANEN

Sie brauchen auch etwas Zeit für sich – Zeit zum Sammeln, zum Abwägen von Prioritäten und zur Konzentration auf schwierige oder vordringliche Aufgaben. Diese Ruhezeit bekommen Sie nur dann, wenn sie eingeplant wird. Haben Sie keine Hemmungen, wenn Sie sich zeitweilig gegen Ihre Kollegen abschotten. Erklären Sie ihnen, dass Sie eine Weile ungestört sein müssen. Besonders wichtig ist das, wenn Ihr Arbeitsplatz laut und chaotisch ist. Bemühen Sie sich um Selbstdisziplin, und verwenden Sie diese Zeit konstruktiv, um A- oder B-Aufgaben, die Konzentration erfordern, zu erledigen. Denken Sie auch daran, dass selbst eine kurze Pause Ihnen hilft, effizienter zu arbeiten.

19 Sorgen Sie dafür, dass Sie Ruhezeiten haben.

20 Legen Sie ruhig mal den Telefonhörer neben die Gabel.

ARBEITSSTRUKTUREN

Jeder hat seinen eigenen natürlichen Tagesrhythmus. Es gibt Höhepunkte geistiger und physischer Leistung und Phasen mit wenig Energie. Machen Sie sich mit Ihrem persönlichen Rhythmus vertraut und arbeiten Sie mit ihm statt gegen ihn.

21 Stoppen Sie energiestarke Phasen, um zu wissen, wie lange sie dauern.

22 Sparen Sie auch Energie für Familienleben und Freizeit auf.

DER RICHTIGE ZEITPUNKT

Es ist wichtig, die anspruchsvollsten Arbeiten des Tages in den Phasen zu verrichten, in denen Sie physische und geistige Höchstleistung erbringen können. Wenn Sie zu den Leuten gehören, die gern früh aufstehen und in der Dämmerung joggen, sollten Sie den größten Teil Ihres A-Pensums am Morgen erledigen. Sollten Sie aber ein Spätaufsteher sein, dann legen Sie Ihre A-Aufgaben auf den späteren Vormittag oder frühen Nachmittag.

PAUSEN BEI KONZENTRIERTER ARBEIT

In Ihrem Tagesplan sollten Sie Erholungspausen vorsehen, denn wenn Sie müde sind, nehmen Konzentrationsvermögen und Produktivität ab. Planen Sie Pausen ein, um die Zeiten mit niedrigem Energiepegel zu bewältigen. Beachten Sie: Ein normaler Mensch kann sich nur eine Stunde lang intensiv konzentrieren, dann braucht er eine Pause.

ENTSPANNEN IM BÜRO ▶
Wenn Sie eine Pause machen, lassen Sie Geist und Körper ruhen. Erholen Sie sich am Schreibtisch, indem Sie den Kopf senken, die Augen schließen und tief durchatmen.

EFFIZIENZ MAXIMIEREN

Ihre Leistungskurve zeigt Höhen, wenn Sie voller Energie sind, und Tiefen, wenn Sie müde sind. Sie müssen die Zyklen verstehen, die Ihr Körper täglich durchläuft, um Ihre Arbeitslast sinnvoll zu planen. Notieren Sie sich einige Tage lang die Zeiten, in denen Sie sich besonders fit oder erschöpft fühlen, und halten Sie dazu die Arbeiten fest, die Sie in diesen Phasen erledigt haben. Wenn Sie sich während eines Tiefs schwierige Aufgaben vorgenommen haben, konnten Sie nicht effizient arbeiten. Planen Sie für solche Energietäler C-Aufgaben.

Da die individuellen Energiestrukturen sehr variabel sein können, haben viele Unternehmen flexible Arbeitszeiten eingeführt. Wenn man seine Arbeitszeit an seine geistigen und physischen Zyklen anpassen kann, arbeitet man mit mehr Spaß und zugleich effizienter.

23 **Regen Sie flexible Arbeitszeiten an, um die Produktivität zu steigern.**

▼ **LEISTUNGSDIAGRAMM**
Zeichnen Sie ein Diagramm, das zeigt, wie Ihr Energiepegel an einem typischen Arbeitstag verläuft. Bewerten Sie Ihre Leistung zu jeder Stunde des Tages mit Noten zwischen +5 und –5 (0 ist das durchschnittliche Leistungsniveau) und verbinden Sie die Punkte, um Ihren Energiezyklus zu bekommen. Berücksichtigen Sie dieses Diagramm, wenn Sie Ihre A-, B- und C-Aufgaben planen.

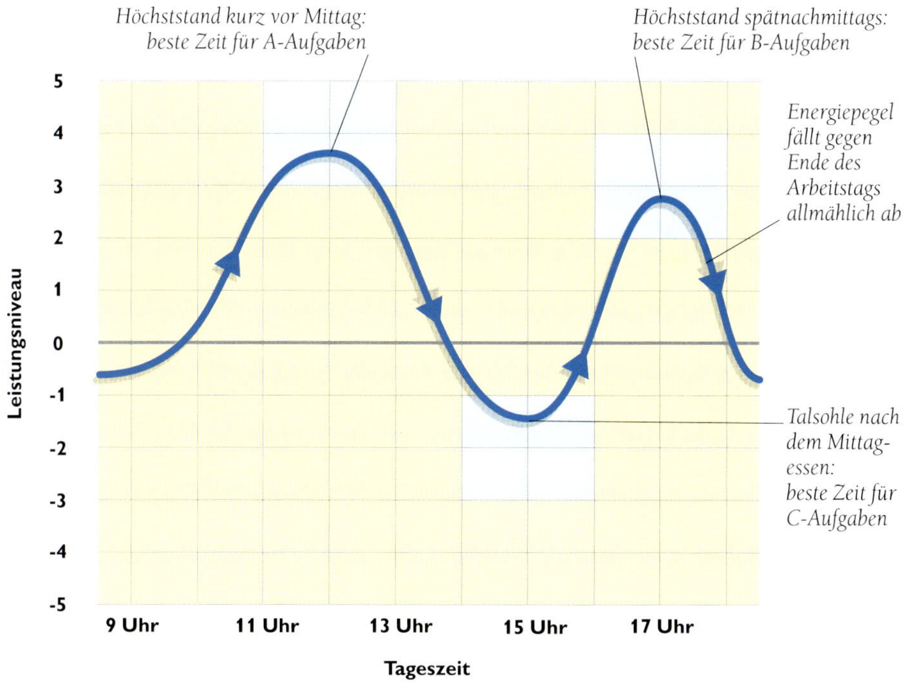

TERMINPLANER VERWENDEN

Zuverlässiges und präzises Aufzeichnen von Veranstaltungen, Verabredungen und Verpflichtungen ist eine Voraussetzung für sinnvolle Terminplanung. Es gibt vielerlei Arten von Terminplanern. Wählen Sie den, der Ihren Bedürfnissen am besten entspricht.

24 Wählen Sie einen Kalender, der Ihnen gefällt – Sie benutzen ihn dann lieber.

25 Im Terminkalender muss unbedingt immer ein Stift sein.

WAHL DES SYSTEMS

Die traditionelle Methode zum Aufzeichnen ist der Terminkalender. Aber zunehmend kommen Terminplaner und elektronische Organizer in Gebrauch, mit denen man Information griffbereit halten kann. Wofür Sie sich entscheiden, hängt von der Arbeit ab, die Sie organisieren. Vielleicht brauchen Sie eine ganze Seite für jeden Tag. Oder ist es Ihnen wichtiger, die ganze Woche oder das Jahr auf einen Blick zu übersehen?

WAHL EINES TERMINPLANERS

Für welchen Typ von Terminplaner Sie sich entscheiden, hängt von Ihrer persönlichen Vorliebe ab. Jeder Typ, vom traditionellen Terminkalender bis hin zum Elektronic Organizer, hat Vor- und Nachteile, deshalb müssen Sie überlegen, welcher sich für Sie am besten eignet.

▲ STANDARD-TERMINKALENDER
Termine werden in Tagebuchform eingetragen. Es empfiehlt sich, alte Kalender aufzubewahren.

▲ TERMIN-PLANER
Nützlich als Terminkalender, Adressverzeichnis, Monatsplaner und als Notizbuch.

▲ ELEKTRONISCHER ORGANIZER
Speichert Namen, Telefonnummern, Adressen, Termine und Persönliches in digitaler Form.

PLANEN MIT TERMINKALENDER

Seine Benutzung setzt Disziplin voraus. Als Erstes müssen Sie sich daran gewöhnen, Fristen und Termine sofort zu notieren, sobald diese vereinbart werden. Tragen Sie auch Vorbereitungszeiten für Besprechungen ein und vergessen Sie nicht, die eventuelle Fahrzeit zu berücksichtigen. Außerdem sollten Sie die Zeit zum Nachfassen oder zum Verfassen eines Berichts im Anschluss einplanen.

▲ **TERMINKALENDER EFFEKTIV NUTZEN**
Sehen Sie sich die für jeden Tag notierten Termine an. Sorgen Sie für eine ausgewogene Verteilung der Aufgaben. Schätzen Sie Ihr persönliches geistiges und physisches Energiepotential ein und bleiben Sie realistisch mit dem, was Sie sich vornehmen.

26 Mit Farbe können Sie Prioritäten kennzeichnen.

TERMINE IM AUGE BEHALTEN

Wenn Sie jemanden mit dem Führen Ihres Terminkalenders beauftragen, unterrichten Sie diese Person sofort, wenn Sie eine Verabredung getroffen haben. Sie sollten stets Zugang zur aktuellen Fassung Ihres Terminkalenders haben und ihn regelmäßig überprüfen, um die Übersicht über Ihre Dispositionen zu behalten. Erwägen Sie die Verwendung eines Intranet-Systems, das gleichzeitig Zugriff auf denselben elektronischen Organizer von verschiedenen Stellen aus ermöglicht.

Planen Sie die wichtigen A-Aufgaben um die Termine herum, und sorgen Sie dafür, dass Wichtiges und Dringendes innerhalb einer bestimmten Frist erledigt wird. Denken Sie daran, etwas Zeit für Unvorhergesehenes und Pausen einzuplanen.

INFORMATIONSZUGRIFF

Nutzen Sie die Geschwindigkeit, mit der elektronische Organizer durch die Suchfunktion Zugriff auf Daten haben. Durch Abfragen kann jede Information der Datenbank sofort abgerufen werden. Sie können auch Ihren Terminplaner mit Tabs versehen, um bestimmte Tage oder Buchstaben mit einem Griff zu finden und öffnen zu können.

ÜBERSICHT ANFERTIGEN

Selbst wenn Sie sämtliche Jobs nach ihrer Dringlichkeit und Bedeutung in A, B und C gegliedert haben, kann es passieren, dass Sie verwirrt und gestresst vor der Vielzahl der Projekte und der knappen Zeit, in der Sie diese bewältigen müssen, sitzen. In solchen Momenten sollten Sie sich die Zeit nehmen, eine Übersicht zu entwerfen, in die Sie alle großen und kleinen Aufgaben mit den Fristen schreiben. Das Auflisten der Aufgaben hat eine therapeutische Funktion und wird Sie erleichtern. Ferner verschafft diese Liste Ihnen einen besseren Überblick über die Gesamtsituation. Manchmal bieten sich Lösungen plötzlich von selbst an: Vielleicht haben Sie ja übersehen, dass der überfällige Marketingplan für ein neues Produkt aufgeschoben werden kann, weil die Montagestraße sowieso nicht mitkommt.

▲ **UP TO DATE HALTEN**
Denken Sie immer daran, neue Punkte sofort auf Ihre Übersicht zu setzen und alle Aufgaben zu streichen, die Sie inzwischen erledigt oder delegiert haben.

NICHT VERGESSEN

- Sehen Sie sich Ihre Übersicht jeden Tag morgens an.
- Streichen Sie jeden Punkt, der erledigt ist: Es macht Freude zu sehen, wie die Liste kürzer wird.
- Am Ende jedes Tags müssen neue Punkte, die zur Übersicht hinzukamen, als A-, B- oder C-Aufgaben eingeordnet werden.
- Die Übersicht kann helfen, verwandte Aufgaben zu kombinieren.
- Nachdem auf der Übersicht die Zeit für Aufgaben festgelegt ist, sollte noch Zeit für Unvorhergesehenes frei sein.
- Eine Übersicht für Dinge, die privat zu erledigen sind, ist ebenso notwendig wie eine Übersicht für berufliche Aufgaben.

ÜBERSICHT VERWENDEN

Ihre Übersicht sollte sämtliche A-, B- und C-Aufgaben enthalten. Machen Sie die Liste lebendig: Streichen Sie erledigte Aufgaben, fügen Sie neue hinzu, sobald sie auftauchen, und unterstreichen Sie Dinge, wenn die Prioritäten sich ändern. Eventuell können Sie ähnliche Aufgaben zu Gruppen zusammenfassen, z. B. Telefongespräche ankreuzen, wichtige Briefe unterstreichen und Konferenzen farbig hervorheben. So sehen Sie auf einen Blick, was gemacht werden muss, Manchmal hilft es, ähnliche Aufgaben im Block zu erledigen.

27 **Setzen Sie realistische Fristen. Eine Frist sollte hilfreich sein, aber keinen Grund für Stress liefern.**

28 Delegieren Sie angenehme Aufgaben ebenso wie unangenehme.

29 Gönnen Sie sich eine Belohnung, wenn Sie Fristen einhalten.

UNANGENEHMES ERLEDIGEN

Unterschiedliche Aufgaben passen zu verschiedenen Persönlichkeiten. Ein Job, der Ihnen schwer fällt, z. B. die Verhandlung mit einem schwierigen Kunden, kann für einen Kollegen eine Herausforderung sein. Sie haben nichts davon, wenn Sie unangenehme Jobs um jeden Preis erledigen. Wenn Sie sie delegieren können, dann tun Sie's. Ist sie unvermeidlich, dann erledigen Sie eine schwierige Sache, wenn Sie gut gelaunt sind. Verschieben Sie sie nicht auf den Abend, wenn Sie müde sind, und auch nicht bis kurz vor Ablauf der Frist.

LANGFRISTIGE PLANUNG

Viele Aufgaben Ihrer Übersicht sind nicht abgeschlossen, obwohl sie zunächst erledigt sind. Manche tauchen im Jahr zyklisch immer wieder auf. Um wiederkehrende Aufgaben zu planen, brauchen Sie neben Ihrem normalen Terminplaner einen Jahres- oder Zweijahreskalender. Verwenden Sie Farben, um regelmäßig Wiederkehrendes hervorzuheben. Sie sollten auf einen Blick sehen können, wann besonders viel Arbeit anfällt, damit Sie dementsprechend planen können.

30 Führen Sie Ihren Terminkalender nicht weiter als ein Jahr im Voraus.

▼ **JAHRESPLANUNG**

Zeichnen Sie alle regelmäßig wiederkehrenden Vorgänge in eine Wand-Chart ein. Verwenden Sie verschiedene Farben für verschiedene Vorgänge. So sehen Sie sofort, ob Termine sich überlappen.

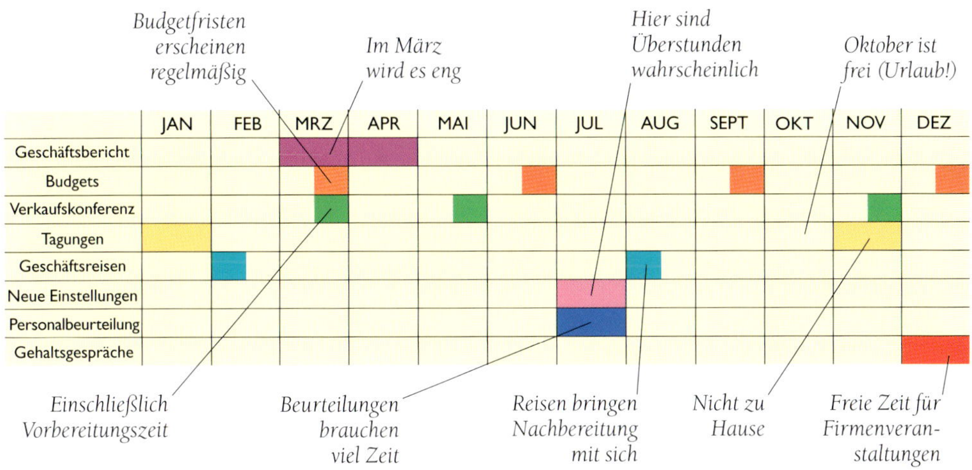

POSITIV DENKEN

Die Zeit fliegt für manche vorbei, während sie sich für andere dahinschleppt. Was von beidem für Sie zutrifft, hängt von Ihrer Einstellung ab. Nutzen Sie die Kraft des positiven Denkens, dann fallen Ihnen selbst unangenehme Aufgaben leichter.

31 Erledigen Sie täglich wenigstens eine Aufgabe, die Freude macht.

LEBENSFREUDE

32 Lesen Sie abends vor dem Einschlafen in Ihrem Lieblingsbuch.

Jeder hat seine eigene Art, das Leben zu genießen. Wenn Sie sich nie die Zeit nehmen, das zu tun, was Ihnen Spaß macht, wird das Ihr Leben negativ beeinflussen. Achten Sie bei der Arbeit auf Dinge, die Sie gern tun, und verteilen Sie sie über den Tag. Planen Sie auch den Besuch von Veranstaltungen wie Kino, Konzerte oder Fußball. Das wird Ihnen helfen, eine positive Lebenseinstellung zu entwickeln, selbst wenn Sie im Moment nicht das tun können, was Ihnen Freude macht.

AUSGEGLICHEN LEBEN

Anfang und Ende eines jeden Arbeitstages sind besonders wichtige Zeiten. Beginnen Sie den Tag mit einem gesunden, ruhigen Frühstück. Sorgen Sie dafür, dass Ihnen genug Zeit bleibt, ohne Hast beim Frühstück zu sitzen und zur Arbeit zu gehen. Am Ende des Tages verlassen Sie den Arbeitsplatz in positiver Verfassung. Die Probleme der Arbeit sollten Ihr Privatleben nicht belasten. Versuchen Sie bewusst, sich zu entspannen und wenigstens zwei Stunden lang nicht an die Arbeit zu denken, bevor Sie ins Bett gehen.

◀ **GESUNDE ERNÄHRUNG**
Planen Sie regelmäßige und gesunde Mahlzeiten ein. Nach Möglichkeit sollten Sie Ihren Tag mit frischem Obst und Müsli oder Brot beginnen, während Sie ihn mit einem leichten Essen beenden. Schwere Speisen am Abend können Schlaflosigkeit verursachen.

UMGANG MIT PROBLEMEN

Mit einer positiven Lebenshaltung können Sie Ihre Zeit besser nutzen und Probleme bei der Arbeit lösen. Konzentrieren Sie sich zunächst darauf, sich wohl zu fühlen, dann sind Sie weniger anfällig, sich die Probleme anderer zu Ihren eigenen zu machen. Gute Laune hilft, konstruktiv mit knappen Fristen umzugehen und Konflikte zu lösen.

33 **Konzentrieren Sie sich auf die positiven Eigenschaften der anderen.**

FALLBEISPIEL

Georg, ein Außendienstmitarbeiter, wurde zu einer Konferenz eingeladen, an der auch Mitarbeiter anderer Abteilungen teilnahmen.

Eine Woche vor der Konferenz merkte Georg, dass er sich selbst eingeredet hatte, die Sache würde schief gehen. Er beschloss daraufhin, seine negative Einstellung zu ändern und positiv zu denken. Zuerst wandte er verschiedene Techniken an, um Prioritäten zu setzen, und sorgte dafür, dass er gut vorbereitet war. Dann begann er, sich die Konferenz und deren Ergebnis positiv vorzustellen. Er sah sich aufstehen, räuspern und dann seinen Bericht vortragen. Nun stellte er sich vor, wie er alle Fragen der übrigen Konferenzteilnehmer befriedigend beantworten würde, und schließlich malte er sich die zustimmenden Gesichter seiner Kollegen aus, insbesondere derer, vor denen er sich sonst fürchtete.

Tatsächlich verlief die Konferenz dann auch genau so, wie Georg sich das vorgestellt hatte.

◄ POSITIVE SCHRITTE

Georg hatte für einen Zyklus gesorgt, in dem eine negative Einstellung vorherrschte. Er entschied sich bewusst, negative Aspekte in positive umzuwandeln. Zunächst ist so etwas nicht ganz leicht, aber jeder Erfolg erleichtert die Sache, und schließlich wird das positive Denken zur Gewohnheit.

34 **Schreiben Sie Ihre Schwächen auf. Dann bekämpfen Sie eine nach der anderen.**

STRESS VERMEIDEN

Vielbeschäftigte Leute scheinen prinzipiell keine Zeit zu haben, ihre Zukunft zu planen. Es erfordert Entschlusskraft, in einem vollen Terminkalender noch Zeit zum Nachdenken zu finden. Ihre Aktivitäten zu planen ist jedoch eine gute Gewohnheit, denn dadurch bekommen Sie nicht nur Ihre Zeit in den Griff. Sie werden aktiv und übernehmen wieder die Verantwortung für die Situation, die vielleicht über Ihnen zusammenzubrechen drohte. Wenn Sie sich die Zeit zum Planen nehmen, fällt es leichter, positiv zu denken.

KONKRETE VERÄNDERUNGEN

Es gibt eine Vielzahl konkreter Maßnahmen, durch die Sie Ihre Effizienz kurz- und langfristig verbessern können. Veränderungen beginnen bei Ihrem Schreibtisch und reichen bis zum Computersystem.

BÜRO NEU ORGANISIEREN

Die effiziente Gestaltung Ihres Arbeitsraumes macht viel aus. Beginnen Sie mit dem Schreibtisch und führen Sie ein System ein, bei dem nichts in Papierstapeln verloren geht. Dann sorgen Sie für Aktenschränke, Regale und die Umgebung.

35 Halten Sie Ihren Schreibtisch frei von allem, außer der aktuellen Akte.

36 Hüten Sie sich vor Zetteln – sie gehen leicht verloren.

37 Räumen Sie auf – morgens darf kein Chaos herrschen.

DER EINDRUCK ENTSCHEIDET

Der Eindruck, den ein Büro durch die Anordnung der Dinge auf dem Schreibtisch, die Farbgestaltung und die allgemeine Ordnung macht, spricht Bände über den Besitzer des Raumes. Vorgesetzte, Kollegen und Mitarbeiter bekommen über den Zustand Ihres Büros zugleich einen ersten Eindruck von Ihnen – deshalb sorgen Sie dafür, dass dieser Eindruck positiv ist. Besonders wenn Sie an Ihrem Schreibtisch Besucher empfangen, muss das Bild so sein, wie Sie es wünschen. Die meisten Menschen glauben, dass ein unordentlicher Arbeitsplatz einen unordentlichen Geist widerspiegelt.

▲ **CHAOS-SCHREIBTISCH**
Je länger Sie mit dem Aufräumen warten, desto schwerer wird es, und desto sicherer führt das zur Zeitverschwendung.

PAPIERFLUT VERARBEITEN

Stellen Sie sich Ihren Schreibtisch als Fließband vor. Rohmaterial (meist in Form von Papier) kommt am einen Ende herein, um von einer Maschine (Ihrem Verstand) bearbeitet zu werden, ehe es zur nächsten Stufe befördert wird. Die »Just-in-Time-Logistik«, die Firmen bei Fertigungsprozessen anwenden, kann ebenso für Ihren Schreibtisch gelten. Das heißt: Sie beurteilen, wie wichtig Papiere sind und was mit ihnen passiert. Sehen Sie sich alle Unterlagen an, sobald sie eintreffen. Sind sie dringend, dann sollten Sie sofort etwas unternehmen oder delegieren. Legen Sie wichtige, aber nichtdringliche Papiere in den Eingangskorb, um sie bei Gelegenheit zu verarbeiten.

DAS IST ZU TUN

1. Halten Sie den Arbeitsplatz stets so sauber wie möglich.
2. Räumen Sie regelmäßig die Schubladen auf.
3. Bewahren Sie Stifte, Kleber und Lineal in einem einzelnen, zugänglichen Behälter auf.
4. Wenn die PC-Tastatur nicht gebraucht wird, sollte sie beiseite geschoben werden, um mehr Arbeitsfläche zu haben.

UNTERLAGEN VERWALTEN

Richten Sie ein System ein, um einen Überblick über alle Unterlagen, die auf Ihrem Schreibtisch landen, zu haben. Kümmern Sie sich um dringende Sachen sofort. Für Nichtdringliches reservieren Sie täglich etwas Zeit, in der Sie Ihren Eingangskorb durchgehen. Müssen Sie etwas unternehmen, so notieren Sie es. Legen Sie weniger Wichtiges zur Seite, um es später zu lesen, und werfen Sie alles Überflüssige oder Erledigte sofort weg.

38 Markern Sie Schlüsselbegriffe, um den Inhalt leichter wiederzuerkennen.

▼ ORDNUNG HALTEN

Nehmen Sie sich Zeit, alle eingehenden Unterlagen zu ordnen. Tun Sie es jeden Tag, um Ihren Schreibtisch frei zu halten.

Maßnahmen notieren → **Bearbeiten, ablegen oder delegieren** → **Alles andere wegwerfen**

▲ SCHREIBTISCH FREI HALTEN

Zum richtigen Zeitmanagement gehört ein übersichtlicher Schreibtisch. Ordnung macht es leichter, Dinge schnell zu finden.

ARBEITSRAUM EINRICHTEN

Arrangieren Sie die Möbel in Ihrem Arbeitsraum so, dass Sie sich wohl fühlen. Denken Sie an Ihre Arbeitsstrukturen und an den Verwendungszweck Ihres Büros. Wenn Sie oft Besucher haben, stellen Sie Ihren Schreibtisch so, dass Sie die Tür sehen und Herantretende bemerken. Gibt es in Ihrem Büro regelmäßig Besprechungen, arrangieren Sie die Möbel so, dass alle bequem sitzen können.

Nach Möglichkeit sollten in Ihrem Arbeitszimmer nur die Akten sein, die Sie regelmäßig brauchen. Sie stehen nahe am Schreibtisch, so dass Sie nicht ständig aufstehen müssen, um sie zu erreichen. Akten, die Sie nur selten brauchen, gehören in einen gesonderten Ablageraum oder, wenn es den nicht gibt, in eine abgelegene Ecke des Büros.

39 Plazieren Sie im Büro eine Uhr so, dass alle sie im Blick haben.

40 Überprüfen Sie Ihre Ablagesystem alle paar Monate.

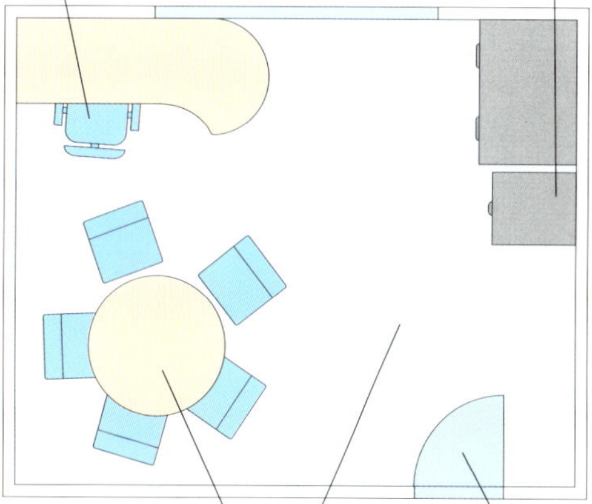

▲ RAUM VERSCHWENDET
Die Möbel sind in diesem Büro so aufgestellt, dass manche Bereiche vollgestopft und andere leer sind. Man muss aufstehen, um an die Akten zu kommen. Der Konferenztisch steht zu nahe am Schreibtisch.

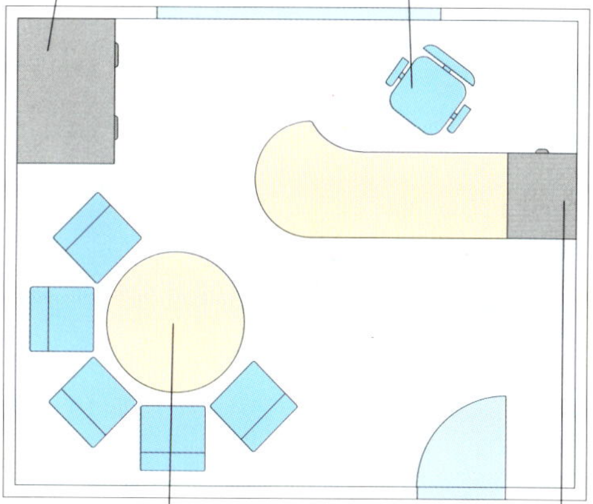

▲ RAUM OPTIMAL GENUTZT
Diese Anordnung nutzt den Raum gut. Der Tisch steht richtig für Konferenzen, und jeder eintretende Besucher wird sofort gesehen. Häufig gebrauchte Akten sind gleich neben dem Schreibtisch untergebracht.

ABLAGE STRUKTURIEREN

Ein vernünftiges Ablagesystem einzurichten lohnt sich – denken Sie nur an die Zeit, die Sie mit der Suche nach »verschwundenen« Unterlagen verschwenden. Kein Ablagesystem ist ideal. Wählen Sie eines, das sich am besten für Ihre Projekte eignet.

41 Wählen Sie ein Ablagesystem, das mit Ihrer Firma mitwachsen kann.

42 Sichten Sie Ihre Akten regelmäßig. Viele Dokumente können weggeworfen werden.

ABLAGE EINRICHTEN

Ein Ablagesystem muss funktionieren wie die Suchfunktion des Computers. Schlüsselbegriffe müssen in Ihnen Gedankenfolgen auslösen, die leicht nachvollziehbar machen, wo ein Dokument abgelegt ist. Die Systematik wird durch die Art Ihrer Arbeit bestimmt. Sind Sie ein Exporteur mit Märkten in 70 Ländern, dann klassifizieren Sie nach geografischen Gesichtspunkten. Sie brauchen vielleicht fünf Ablageschränke, einen für jeden Kontinent. Sind Sie dagegen Verkaufsleiter eines kleinen Fertigungsbetriebes, können Sie Ihre Kundenablage eventuell in zwei Schränken unterbringen – einen für Europa und einen für Übersee. Jeder Kunde bekommt eine eigene Mappe.

THEMEN AUFGLIEDERN

Wenn Sie in Ihrer Ablage größere Aktenbündel haben, ist es zweckmäßig, diese zu gliedern, damit sie handlicher und übersichtlicher werden. Zum Beispiel kann ein Entwicklungsmanager, der zahlreiche Projekte gleichzeitig überwachen muss, Akten nach einzelnen Projekten gruppieren und dann jedes Projekt in Abschnitte aufteilen.

▼ **AKTEN SORTIEREN**

Sortieren Sie Ihre Akten danach, wie oft Sie sie brauchen. Stellen Sie diejenigen, die Sie ständig benötigen, in Ihre Nähe und die seltener gebrauchten etwas weiter weg. Der Rest wird möglichst in einem anderen Raum archiviert oder weggeworfen, sobald er nicht mehr gebraucht wird.

Oft gebraucht → **Manchmal gebraucht** → **Archiv**

Deutlich beschriften

Es ist zweckmäßig, die Akten mittels Farben sofort verschiedenen Projekten oder Prioritäten zuzuordnen. So kann z. B. ein Verkaufsleiter die Exportunterlagen in rote Hängemappen mit roten Etiketten und die der anderen Kunden in blaue Hängemappen mit blauen Etiketten legen. Jedes Etikett bekommt den Namen eines Kunden. Gleich welches Verfahren Sie wählen, es muss für jedermann leicht verständlich sein, und deshalb sollten Sie auch noch ein Verzeichnis der Abschnitte und Unterabschnitte zum Nachschlagen anlegen.

43 Legen Sie uneindeutige Unterlagen in eine Mappe für »Diverses«.

▼ FARB-CODES
Mit Farb-Codes können Sie bestimmte Akten auf den ersten Blick zuordnen. Das erspart unnötige Zeit zum Suchen.

Jede Mappe hat ein klares Etikett

Schlüsselbegriff beschreibt Inhalt

Farbe verweist auf Inhalt

Mappen in verschiedenen Farben führt der Fachhandel

Regelmässig ablegen

Reservieren Sie eine bestimmte Zeit für die Ablage – am Ende eines jeden Tages oder jeder Woche. Beauftragen Sie nicht immer wieder andere Personen mit der Ablage, damit wird das System schwieriger. Dennoch müssen alle das System kennen. Entscheidungen, was abzulegen und was wegzuwerfen ist, sind kritisch. Deshalb müssen Sie selbst entscheiden, welche Unterlagen überflüssig sind und welche künftig gebraucht werden.

44 Legen Sie nur Dokumente ab, die wieder benötigt werden.

STÖRUNGEN VERMEIDEN

Manchmal sind Unterbrechungen willkommen, aber zu gewissen Zeiten muss man ungestört arbeiten können. Gestalten Sie Ihren Arbeitstag so produktiv wie möglich. Reorganisieren Sie Ihr Büro, so dass Sie in Ruhe arbeiten können.

45 Bitten Sie einen Mitarbeiter, eingehende Anrufe zu sieben.

46 Heben Sie den Hörer ab, um das Gesprächsende zu signalisieren.

STÖRUNGEN AUFLISTEN

Um die Zahl der überflüssigen Störungen zu reduzieren, erstellen Sie zunächst folgende Listen:

- Menschen, die Sie jederzeit stören dürfen, z. B. Ihr Chef oder wichtige Kunden.
- Menschen, die Sie stören dürfen, wenn Sie nicht besonders beschäftigt sind, z. B. Ihre Kollegen.
- Leute, die Sie nie stören dürfen.

Verteilen Sie Kopien dieser Listen an Ihre Mitarbeiter und an wichtige Kollegen. Bitten Sie alle, sich weitgehend danach zu richten.

STÖRER ABWIMMELN
Negative Körpersprache hält unerwünschte Störenfriede ab. Wenden Sie den Kopf, aber nicht den ganzen Körper. Sehen Sie auf die Uhr.

ARBEITSRAUM NEU GESTALTEN

Störungen sind Sie insbesondere dann ausgesetzt, wenn Sie Vorbeigehenden leicht ins Auge fallen. Stellen Sie Ihren Schreibtisch so, dass Sie sehen können, wer sich der Tür nähert. Schließen Sie die Bürotür, wenn Sie nicht gestört werden wollen. Selbst wenn Sie in einem Großraumbüro arbeiten, können Sie Störungen minimieren, indem Sie die Einteilung Ihres Arbeitsplatzes ändern – z. B. Ihren Schreibtisch durch Aktenschränke verdecken oder den PC-Bildschirm direkt vor sich stellen. Wenn Sie sich für Mitarbeiter und Kollegen weniger sichtbar machen, werden Sie weniger gestört.

47 Bleiben Sie stehen, wenn man Ihnen ins Büro folgt.

48 Bei offener Tür rücken Sie den Stuhl außer Sicht.

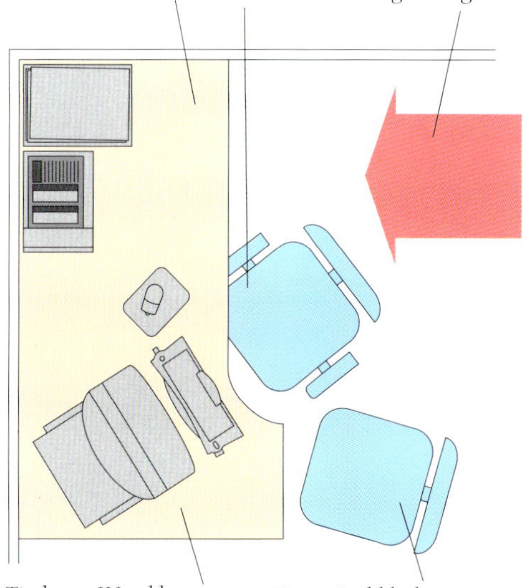

▲ **ZUTRITT GESTATTET**

In diesem Büro sieht man Sie, sobald die Tür aufgeht. Sie sitzen mit dem Rücken zur Tür und müssen sich umdrehen, um zu sehen, wer kommt. So können Sie unwillkommene Besucher nicht abwimmeln.

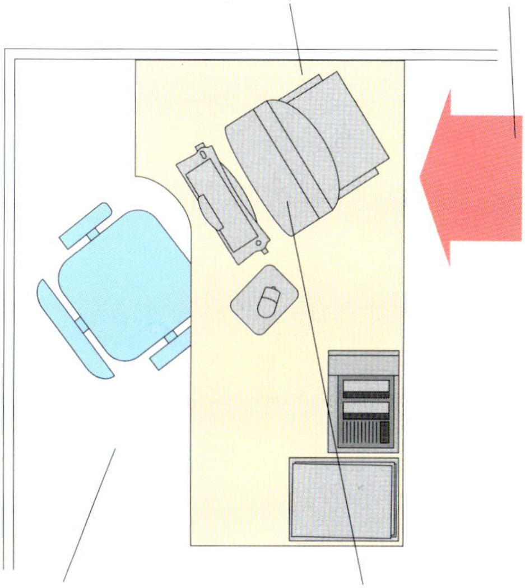

▲ **HINTER BARRIEREN**

Hier bildet der PC eine Barriere zwischen Ihnen und jedem Eintretenden. Ihr Stuhl ist der Tür zugewandt, so dass Sie sehen können, wer kommt. Der fehlende freie Stuhl hindert Besucher am langen Aufenthalt.

INFORMATION FILTERN

Die meisten Manager erhalten jeden Tag hunderterlei verschiedene Information, deren Verarbeitung sie unendlich viel Zeit kosten würde. Nehmen Sie sich Zeit, ein Verfahren zu entwickeln, mit dem Sie eingehende Informationen aussortieren können.

49 Werfen Sie sofort jede Information weg, die überflüssig ist.

50 Halten Sie kurze Gespräche kurz. Bleiben Sie stehen, dann kommen Sie leicht weg.

INFORMATION BEKOMMEN

Information erreicht Sie in den verschiedensten Formen:

- Schriftlich (z. B. per Post, Telefax, Memos, Zeitungen, Zeitschriften, Berichte).
- Elektronisch (z. B. per E-Mail, Intranet).
- Akustisch (z. B. durch persönliche Gespräche, Fernsehen, Radio, Telefon, Voice-Mail).

Beachten Sie, dass manche Informationsformen dringlicher als andere erscheinen – aber das spiegelt ihre Bedeutung nicht unbedingt wider. So drängen sich Telefonanrufe oft in den Vordergrund, weil sie direkt und unverhofft ankommen.

INFORMATION VERARBEITEN

Versuchen Sie eine Routine zum Verarbeiten gebündelter Information einzuführen. Wenn Sie z. B. wissen, dass die Post um 10 Uhr verteilt wird und dass interne Mitteilungen gegen 11 Uhr ankommen, dann reservieren Sie eine Frist kurz vor dem Mittagessen, um die Post durchzugehen. Lesen Sie zugleich Ihre E-Mails und überfliegen Sie kurz Zeitungen und Zeitschriften.

Dasselbe sollten Sie vor Feierabend noch einmal machen, um Ihren Schreibtisch frei zu bekommen und sich auf den nächsten Morgen vorzubereiten. Oft ist es angebracht, eine Information nochmals zu überschlafen, bevor Sie darauf reagieren.

NICHT VERGESSEN

- Mitteilungen gehen ständig ein, sie sollten den Arbeitsverlauf nicht stören.
- Mitteilungen sollten Sie überfliegen, um den Hauptgehalt aufzunehmen.
- Wenn eine Mitteilung Handlungsbedarf mit sich bringt, sollten Sie sich eine Notiz (eventuell in Ihrer Aufgabenübersicht) machen.
- Zur Erleichterung der Ablage kann eine schriftliche Information gleich mit der Bezeichnung für die Ablage versehen werden.

UMLAUFMATERIAL

Viel Informationsmaterial, das auf Sie zukommt, kann gleich an Kollegen oder Mitarbeiter weitergegeben werden. Gliedern Sie jede Art Information in drei Kategorien:

- Information, die Sie kommentieren oder erweitern, bevor Sie sie weiterleiten – das trifft oft auf interne Memos oder Berichte zu.
- Information, die Sie nur zur Kenntnis nehmen und dann weiterleiten, z.B. Zeitungen und Zeitschriften.
- Dinge, die Sie kopieren und verteilen, z. B. ein Dankschreiben eines zufriedenen Kunden, das Kollegen zur Kenntnis gebracht werden soll.

51 Leiten Sie Infos nur an die weiter, die sie brauchen.

52 Bestellen Sie Zeitschriften ab, die Sie nicht lesen.

DER UMGANG MIT VERSCHIEDENEN INFORMATIONEN

INFORMATIONSQUELLEN	WIE GEHT MAN DAMIT UM
INTERNE MEMOS UND BERICHTE Information aus internen Memos und Berichten kann speziell an eine Person, ein Team, eine Abteilung oder einen Ausschuss gerichtet sein.	• Für derartigen Informationsumlauf ist das Timing entscheidend. • Entscheiden Sie, bis wann und für wen Ihre Stellungnahme oder Aktionen erforderlich sind. • Planen Sie jede Aktion in Ihren Terminkalender ein.
EXTERNE POST UND TELEFAXE Die Bedeutung eingehender Information kann einen breiten Spielraum haben. Post wird meist zu bestimmten Zeiten zugestellt, Faxe gehen jederzeit ein.	• Entscheiden Sie, wann es welcher Aktion bedarf. • Entscheiden Sie, ob Sie die Information verbreiten, und wenn ja, in welcher Form. • Prüfen Sie, ob alles Wichtige abgelegt und alles Überflüssige weggeworfen wird.
INTRANET UND E-MAIL Elektronische Mitteilungssysteme werden zunehmend zur schnellen Kommunikation und Informationsverbreitung an Personen oder Gruppen verwendet.	• Auf einen E-Mail-Verteiler kommt man leicht. Prüfen Sie also, ob die Information für Sie wirklich relevant ist. • Öffnen Sie keine Mails, die für Sie bedeutungslos sind. • Wenn Sie auf eine E-Mail reagiert oder den Handlungsbedarf notiert haben, löschen Sie diese.
ZEITUNGEN UND ZEITSCHRIFTEN Viele Bereiche des Handels und der Wirtschaft leben von spezifischer Information aus Zeitungen und Fachzeitschriften.	• Überfliegen Sie Artikel und entscheiden Sie, ob Sie diese später noch einmal brauchen werden. • Machen Sie Kopien, ehe Sie eine Zeitschrift weiterleiten. • Schneiden Sie Wichtiges aus, markieren Sie die Information und legen Sie sie an der richtigen Stelle ab.

UMGANG MIT DOKUMENTEN

Was machen Sie mit Dokumenten (auf Papier oder auf dem Bildschirm), die Sie erst später lesen wollen? Eine Möglichkeit ist es, sie alle in eine gesonderte »Schwebemappe« zu legen, um sie zur Hand zu haben, sobald Sie Zeit zum Lesen von weniger Wichtigem haben. Aber solche Aktenbündel werden mit der Zeit leicht unübersehbar. Sie müssen möglichst regelmäßig ausgesiebt werden, also sollten Sie diese Mappe immer dann, wenn Sie etwas daraus lesen, von Überflüssigem und Irrelevantem befreien.

53 Schneiden Sie Zeitungsartikel, die Sie bewahren wollen, sofort aus und legen Sie sie ab.

54 Lassen Sie nur aktuelle Unterlagen offen liegen.

ARBEIT DELEGIEREN

Es ist entmutigend, wenn Sie von einer Geschäftsreise zurückkehren und auf Ihrem Schreibtisch einen Berg unerledigter Post vorfinden. Wenn Sie öfter unterwegs sind, sollten Sie jemanden damit beauftragen, die Stapel für Sie auszusortieren. Die Person, der Sie diese Aufgabe übertragen, sollte auch andere Mitarbeiter mit der Erledigung von Aufgaben betrauen dürfen, die in Ihrer Abwesenheit erledigt werden können. Erklären Sie, was weitergegeben werden kann und was besser bis zu Ihrer Rückkehr liegen bleiben sollte.

SCHRIFTSTÜCKE LESEN ▼

Lesen Sie relevante Zeitschriften und Zeitungen regelmäßig, um aktuell informiert zu sein. Entwickeln Sie dafür ein eigenes Ablagesystem.

Nützliche Artikel sollten ausgeschnitten werden

Artikel können in einer Lesemappe gesammelt werden

STÄNDIG AKTUALISIEREN

Die Bedeutung von Information ändert sich im Lauf der Zeit. Nachrichten von heute sind meist Geschichte von morgen, und die Relevanz ändert sich mit der Zeit. Manche meinen, dass Nutzloses von heute später nützlich werden kann, und demzufolge neigen sie dazu, Informationen aller Art zu stapeln. Man sollte aber bedenken, dass die Archivierung schriftlicher Information Zeit und Platz kostet. Erwägen Sie immer, ob die Unterlagen wichtig sind, ehe Sie sie zur Ablage geben.

55 Bewerten Sie Information nach ihrer Bedeutung für laufende Projekte.

INFORMATIONSVERARBEITUNG

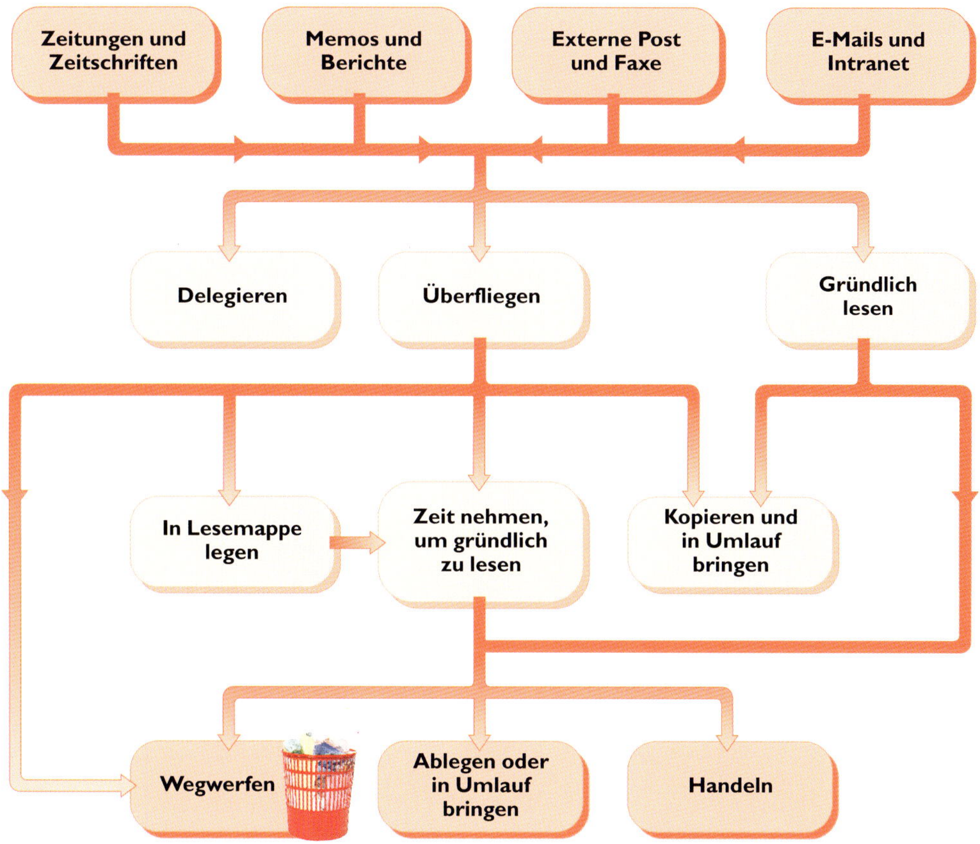

ZUSAMMENARBEITEN

Selbst die besten Zeitpläne liegen teilweise in den Händen anderer. Niemand arbeitet völlig allein. Ein Anruf kann die Pläne eines ganzen Tages über den Haufen werfen. Lernen Sie, die Zeitplanung anderer mit Ihrer eigenen in Einklang zu bringen.

56 Bedenken Sie: Die Zeit der anderen ist ebenso kostbar wie Ihre.

WICHTIGE FRAGEN

- **F** Berücksichtige ich die Pläne anderer, wenn ich meine eigenen mache?
- **F** Schreibe ich zu viele überflüssige Memos?
- **F** Berufe ich zu viele Besprechungen ein?
- **F** Komme ich immer pünktlich zu Verabredungen?
- **F** Unterbreche ich andere oft?

POSITIONEN EINSCHÄTZEN

Wie weit Sie Ihre Pläne auf andere abstimmen müssen, hängt von Ihrer beruflichen Position ab. Wenn Sie eine dringende Konferenz einberufen, zu der auch Ihr Chef erscheinen muss, sollten Sie ihn zuerst fragen. Ihr Chef könnte es übel nehmen, wenn er ohne vorherige Abstimmung in eine Besprechung verwickelt wird, und vielleicht hat er Informationen, die alles ändern oder die Konferenz überflüssig machen. Termine müssen noch sorgfältiger und längerfristig geplant werden, wenn Kollegen in Führungspositionen beteiligt sind.

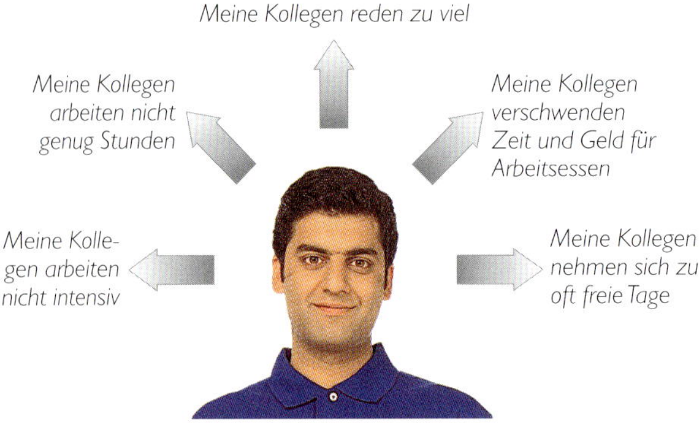

▲ **FALSCHE UNTERSTELLUNGEN**
Bevor Sie sich solche Gedanken über Ihre Kollegen machen und ihnen ein schlechtes Zeitmanagement unterstellen, überdenken Sie Ihre Haltung. Sind die Kollegen wirklich unproduktiv oder haben sie Erfolg mit ihren Diskussionen und Arbeitsessen?

UNTERSTELLUNGEN REVIDIEREN

Viele Menschen können nicht beurteilen, was effektives Arbeiten und gutes Zeitmanagement heißt. Jemand, der sehr beschäftigt scheint, wird leicht mit einem verwechselt, der seine Zeit gut nutzt. Bei der Zusammenarbeit mit anderen sollten Sie deren Arbeitsmethoden analysieren, ehe Sie Unterstellungen über ihre Effektivität machen. Vielleicht müssen Sie Ihre Arbeitsstile aneinander anpassen.

MOTIVATION ANALYSIEREN

Jeder zieht seine Motivation aus ganz verschiedenen Aspekten seines Berufs. Wenn Sie der Meinung sind, Ihre Mitarbeiter könnten ihre Zeit besser nutzen, dann überlegen Sie, ob sie vielleicht demotiviert sind:

- Weil sie nicht genug Arbeit haben – dann sollten Sie die Arbeit in der Abteilung neu verteilen, so dass alle intensiv beschäftigt sind.
- Weil ihre Arbeit sie nicht interessiert – diskutieren Sie über befriedigendere Aufgaben.
- Weil sie überarbeitet sind – helfen Sie ihnen, ihr Zeitmanagement zu verbessern, und überlegen Sie, wie Arbeitsbelastung verringert werden kann.

57 Prüfen die Notwendigkeit eines Treffens sorgfältig.

58 Unterstellen Sie Ihren Kollegen nichts.

KONFERENZEN ABHALTEN

In Konferenzen arbeiten Sie am intensivsten mit anderen zusammen. Ein Treffen mit beschäftigten Leuten einzuberufen kostet viel Zeit: Sie müssen die Teilnehmer auswählen und einladen, eine Tagesordnung zusammenstellen und die Konferenz nacharbeiten. Auch die Teilnehmer könnten ihre Zeit vielleicht gut für andere Aufgaben brauchen. Fragen Sie sich stets, ob es wirklich notwendig ist, die Leute zusammenzurufen. Sie können eventuell Zeit einsparen, indem Sie statt dessen die einzelnen Personen anrufen. Wenn alle für dasselbe Unternehmen arbeiten, liegt es im allgemeinen Interesse, den Zeitaufwand für Treffen auf ein Minimum zu reduzieren.

KONFERENZEN ABWÄGEN

ANRUFE TÄTIGEN

Es gibt kaum eine Firma, die nicht vom Telefon abhängig wäre und zur schnellen und direkten Kommunikation auch von Anrufbeantworter oder Voice-Mail. Das Telefon richtig zu nutzen kann Ihre Effizienz und Leistung enorm verbessern.

59 Atmen Sie noch einmal tief durch, bevor Sie wählen.

60 Vermeiden Sie beim Telefonieren Ablenkungen. Konzentrieren Sie sich aufs Gespräch.

WANN ANRUFEN?

Reservieren Sie eine bestimmte Zeit am Tag für Anrufe und listen Sie alle Anrufe auf, die Sie machen müssen. Seien Sie sich über den Zweck jedes Anrufs im Klaren und entwerfen Sie für jeden eine kurze Agenda wie für eine Konferenz. Sorgen Sie dafür, dass jeder Punkt zur Sprache kommt. Die Reihenfolge der Anrufe sollte ihrer Bedeutung entsprechen. Konzentrieren Sie sich auf die wichtigsten und dringendsten Anrufe.

AM BALL BLEIBEN

Schweifen Sie bei Ihren Anrufen nicht zu weit von Ihrer Agenda ab, außer wenn es gute Gründe gibt, z. B. bei einem unerwarteten Problem. Machen Sie Notizen und haken Sie erledigte Punkte ab. Vielleicht sprechen Sie lockerer, wenn Sie aufstehen oder hin und her gehen.

Bei angenehmen Gesprächen vergisst man leicht die Zeit, aber behalten Sie auch das im Auge. Denken Sie an den Zweck Ihres Anrufs. Können Sie sich z. B. kurz fassen oder brauchen Sie Zeit, um einen verärgerten Kunden zu beschwichtigen? Verwenden Sie eine Woche lang eine Stoppuhr, um die Zeit für die einzelnen Anrufe zu prüfen. Das kann ganz ernüchternd sein, sowohl in Bezug auf die Telefonkosten als auch auf Ihren Zeitaufwand.

DAS IST ZU TUN

1. Bereiten Sie sich auf ein Telefongespräch vor.
2. Bündeln Sie Anrufe. Falls eine Nummer besetzt ist, sollten Sie andere anrufen.
3. Tätigen Sie Anrufe in der Reihenfolge der Priorität.
4. Schalten Sie laut, dann können Sie beim Warten etwas erledigen.
5. Wenn Sie einen Piepser tragen, reservieren Sie Zeit, um Anrufe zu beantworten.

ANRUF-BEANTWORTER

Anrufbeantworter haben sich inzwischen überall durchgesetzt. Auch wenn Sie eine Abneigung gegen dieses Gerät haben, sollten Sie doch wissen, wie es effizient eingesetzt werden kann. Es ist ein ideales Werkzeug, um Termine zu arrangieren oder aus einem beschäftigten Kollegen eine Antwort herauszulocken. Wichtige Vereinbarungen, lange Mitteilungen oder gar Verhandlungen sollten Sie vermeiden. Sie müssen vermutlich doch direkt mit dem jeweiligen sprechen, um Reaktionen zu hören und Möglichkeiten für Übereinstimmungen zu finden.

61 Wenn Sie jemanden anrufen, legen Sie sich Arbeit bereit, falls Sie länger warten müssen.

TUN UND LASSEN

- ✔ Stellen Sie sich vor: »Mein Name ist Schmidt. Ich rufe an, um …«
- ✔ Denken Sie an die Dauer der einzelnen Gespräche.
- ✔ Machen Sie sich alle wichtigen Punkte vorher klar.
- ✔ Halten Sie Mitteilungen auf Anrufbeantwortern kurz.

- ✗ Beginnen Sie Ihre Anrufe nicht anonym mit »Hallo …«
- ✗ Verschieben Sie dringende, schwierige Anrufe nicht.
- ✗ Legen Sie bei Störungen in der Leitung auf und wählen Sie neu.
- ✗ Tätigen Sie wichtige Anrufe nicht ohne sorgfältige Vorbereitung.

DIE WAHL DES GEEIGNETEN TELEFONS

Moderne Telefone haben eine große Zahl von Extras. Prüfen Sie, welche helfen können, Ihre Arbeit effizienter zu gestalten. Zu den Möglichkeiten gehören Anrufumleitung, Kurzwahl, Rückruf bei Besetzt, Lautsprecher, Konferenzschaltungen und Displays, auf denen Sie Namen und Nummer sehen können, bevor Sie abheben. Aber es hat keinen Sinn, wenn Ihr Telefon eine Vielzahl von Möglichkeiten hat, die Sie nicht nutzen. Wählen Sie eine Telefonanlage, die Ihren Bedürfnissen entspricht.

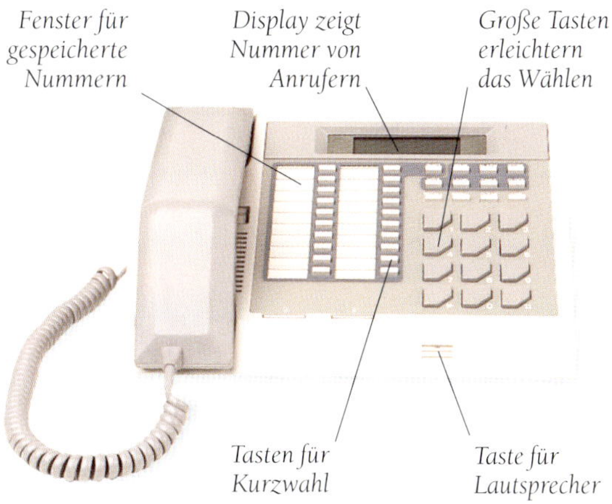

ANRUFE ENTGEGENNEHMEN

Angerufen zu werden unterscheidet sich im Wesentlichen von eigenen Anrufen. Sie werden vermutlich gestört und überrascht, wenn Sie unvorbereitet sind. Entwickeln Sie Techniken, um sich mit Anrufern dann zu beschäftigen, wann es Ihnen passt.

62 Vereinbaren Sie einen Termin, wann Sie angerufen werden möchten.

NICHT VERGESSEN

- Wenn Sie gleich fragen, wie lange das Gespräch wohl dauern wird, können Sie leichter entscheiden, ob Sie es jetzt führen möchten oder lieber zurückrufen.
- Sie sollten den Termin für einen Rückruf – gleich von welcher Seite – genau festlegen.
- Es ist möglich, auf die Frage »Störe ich?« mit »Ja« zu antworten.
- Richten Sie eine zweite Telefonnummer ein, die nur wichtige Personen kennen, für die Sie immer erreichbar sein wollen.

ZEIT FÜR ANRUFE PLANEN

Anrufer haben die Oberhand bei der Entscheidung, wann sie anrufen wollen. Aber dank moderner Technik verschiebt sich das Gleichgewicht. In gewissem Umfang können Sie bestimmen, wann Sie Gespräche annehmen, so dass Sie Ihren Arbeitstag zweckmäßig einteilen können.

Wenn Ihnen Anrufbeantworter oder Voice-Mail zur Verfügung stehen, hinterlassen Sie eine Kurzmitteilung, wann Sie zu erreichen sind. Haben Sie eine Sekretärin, so leiten Sie alle eingehenden Anrufe über sie. Sagen Sie ihr, mit wem Sie sofort sprechen wollen und wann die anderen Anrufe am besten in Ihren Zeitplan passen.

DAS ENDE EINES TELEFONGESPRÄCHS ANDEUTEN

Es kann schwierig sein, ein Telefonat zu beenden, aber das heißt nicht, dass nur der Anrufer das Gespräch beenden kann. Wenn Sie zum Plaudern zu beschäftigt sind, sagen Sie das und erklären Sie Ihre Gründe höflich. Versuchen Sie es mit einem der folgenden Sätze:

„Gibt es noch etwas, worüber wir reden müssen, bevor wir auflegen?“

„Vielleicht können wir uns darüber bei Gelegenheit noch mal unterhalten.“

„Da kommt gerade ein Gespräch auf der anderen Leitung. Darf ich Sie gelegentlich zurückrufen?“

„Ich muss leider auflegen. Mein Chef ruft mich gerade in einer dringenden Angelegenheit.“

UNERWÜNSCHTE VERKAUFSANRUFE

Wenn Sie Mitarbeiter im Vorzimmer haben, weisen Sie diese an, ungebetene Anrufer nicht durchzustellen. Sollte ein hartnäckiger Anrufer dennoch durchkommen, sagen Sie höflich aber entschieden, dass Sie an seinem Angebot oder Vorschlag nicht interessiert sind. Vergessen Sie dabei aber nicht: So störend solche Anrufe auch sind, diese Leute machen nur ihren Job und haben Anspruch auf Höflichkeit.

TUN UND LASSEN

- ✔ Bleiben Sie höflich.
- ✔ Bleiben Sie aufgeschlossen. Das Angebot könnte interessant sein.
- ✔ Übergeben Sie an jemand, den das Angebot interessiert.
- ✔ Beschaffen Sie sich ein Telefon mit Display, das die Nummer des Anrufers anzeigt. Bei unbekannten Nummern, müssen Sie nicht abheben.

- ✗ Fordern Sie Telefonverkäufer nicht auf, nochmals anzurufen. Sie tun es nämlich.
- ✗ Sagen Sie nie aus Höflichkeit, Sie würden zurückrufen.
- ✗ Bitten Sie einen Anrufer nicht, Details zu senden, wenn Sie nicht interessiert sind.
- ✗ Beantworten Sie Fragen nicht weitschweifig. Bleiben Sie kurz und sachlich.

ANRUFBEANTWORTER BESPRECHEN

Nutzen Sie Ihre Ansage auf dem Anrufbeantworter oder der Voice-Mail, um die Mitteilungen zu beeinflussen. Eine kurze, klare Ansage lädt zur kurzen, klaren Mitteilung ein. Wenn Ihr Gerät die Dauer der Botschaft begrenzt, schalten Sie diese Funktion ein. Sie zwingen so den Anrufer, sich kurz zu fassen. Planen Sie täglich eine günstige Zeit zum Abhören ein und machen Sie sich Notizen von allen Mitteilungen.

63 Leiten Sie Ihr Telefon um, wenn Sie ungestört sein wollen.

▼ **MITTEILUNGEN NOTIEREN**

Notieren Sie die wesentlichen Punkte beim Abhören. Wenn Sie reagieren müssen, tragen Sie das in Ihren Kalender ein.

LESEN UND SCHREIBEN

Viele Manager verbringen einen wesentlichen Teil ihrer Arbeit damit, Informationen aller Art zu lesen und auch zu verfassen – in Form von Memos, Briefen und Berichten. Üben Sie den sinnvollen Umgang mit Texten und Sie werden Zeit gewinnen.

64 Schieben Sie die Beschäftigung mit Schriftstücken nicht auf – es wird mehr.

65 Unterstreichen Sie Stichwörter in allem, was Sie lesen.

66 Überfliegen Sie die Schlagzeilen Ihrer Tageszeitung.

SCHNELLLESEN LERNEN

Jeder verschwendet Zeit, Sätze zu lesen, welche nur die einzelnen Punkte des Textes miteinander verbinden. Trainieren Sie, jeden Absatz zu überfliegen und die Stichwörter zu erkennen. Wirksames Schnelllesen erfordert Übung. Lesen Sie zunächst einen Text Wort für Wort. Während Sie lesen, unterstreichen Sie in jedem Absatz ein Stichwort, dann sehen Sie den Text nochmals durch und versuchen, den Inhalt aus den Stichwörtern zu rekonstruieren. Wiederholen Sie das mit Texten, bis Sie Stichwörter schnell und leicht erkennen können.

MATERIAL BEWERTEN

Beim Lesen von Berichten und Artikeln sollten Sie versuchen, zunächst eine Übersicht des Inhalts zu bekommen. Lesen Sie die Einführung oder Zusammenfassung und nehmen Sie sich Zeit für das Inhaltsverzeichnis. Wenn Sie einen langen Bericht lesen müssen, so blättern Sie ihn zunächst von Anfang bis Ende durch. Achten Sie dabei auf die Überschriften und die Länge einzelner Abschnitte. Wenn Sie den Bericht dann ganz durchlesen, haben Sie schon eine Vorstellung von Inhalt und Aufbau. Das hilft, schneller zu lesen. Dasselbe gilt für Zeitungen und Zeitschriften. Wenn Sie nicht genug Zeit haben, eine Zeitung zu lesen, überfliegen Sie die Schlagzeilen und den Wirtschaftsteil.

NICHT VERGESSEN

- Hauptzweck des Lesens ist es, den Inhalt zu verstehen.
- Nicht alles ist nach einmaligem Lesen verständlich. Es dauert eine Weile, viele Fakten aufzunehmen. Wichtige Dokumente stets sorgfältig lesen.
- Überfliegen eignet sich am besten für Memos.
- Leser müssen durch einen Bericht geführt werden, deshalb sollte man ihnen Orientierungshinweise geben.
- Beim Schreiben sollte man stets den Leser vor Augen haben.

SCHREIBHEMMUNG ÜBERWINDEN

Fällt es Ihnen schwer, einen Anfang zu finden, so versuchen Sie, die Sache anders anzugehen. Sie brauchen den Bericht nicht in der endgültigen Reihenfolge zu schreiben. Meist ist man weniger gehemmt, wenn man ihn in kleine Abschnitte aufteilt. Anfang und Ende können schwierig sein, also versuchen Sie es mit dem, was Ihnen einfällt. Es kommt zunächst nur darauf an, dass Sie einen Ausgangstext schreiben, den Sie dann ausarbeiten können.

TUN UND LASSEN

- ✔ Machen Sie einen Entwurf, ehe Sie anfangen.
- ✔ Lesen Sie Ihre Arbeit so, als wäre sie Ihnen völlig fremd.
- ✔ Behalten Sie immer vor Augen, was Sie vermitteln wollen.
- ✗ Starren Sie nicht auf den leeren Bildschirm – schreiben Sie irgend etwas.
- ✗ Machen Sie den Text nicht zu kompliziert.
- ✗ Überladen Sie Ihren Text nicht.

VOR DEM LEEREN BILDSCHIRM
Selbst erfahrenen Schreibern fehlen oft die richtigen Worte. Statt den leeren Bildschirm anzustarren, schreiben Sie einfach das, was Ihnen einfällt. Das befreit und Ihre Ideen fließen anschließend freier.

SCHREIBARBEIT REDUZIEREN

Um Schreibarbeit zu reduzieren müssen Sie den sinnvollen Umgang mit eingehender Korrespondenz, z. B. mit Memos und Faxen, lernen. Vielleicht wollen Sie ausführlich antworten, aber oft kann es zweckmäßiger sein, auf das Original eine kurze handschriftliche Notiz zu machen und es dann weiterzugeben. Das geht schneller und spart Zeit und Papier. Lassen Sie die Korrespondenz von einem Mitarbeiter öffnen. Erklären Sie, was er selbst erledigen kann und was für Sie Vorrang hat. Auf diese Weise können Sie das Papiervolumen, das sich bei Ihnen anhäuft, drastisch reduzieren.

67 Bewahren Sie wichtige Originaldokumente getrennt von sonstigen Papieren auf.

TECHNOLOGIE NUTZEN

Keiner kann heute effektiv arbeiten, wenn er die Grundlagen der Informationstechnologie (IT) nicht versteht – das Zusammenspiel von Telekommunikation und Computer. IT holt alle Information der Welt in unsere Büros und organisiert unser Leben.

68 **Löschen Sie einmal monatlich unnütze Dateien in Ihrem Computer.**

69 **Erwägen Sie Ihren Computerbedarf sorgfältig.**

COMPUTERDATEIEN VERWALTEN

Entwerfen Sie ein System zur digitalen Ablage nach demselben Prinzip, mit dem Sie Ihre Akten ablegen. Entwickeln Sie eine Struktur, die zu Ihrem Geschäft passt, und benennen Sie Ihre Dokumente klar und logisch. Speichern Sie Ihre Daten auf der Festplatte, auf Disketten, CD-ROMs oder Bändern. Elektronische Daten können durch Magnetfelder gelöscht werden, und Systemabsturz kann zu Datenverlust auf der Festplatte oder dem Server führen. Machen Sie daher von wichtigen Daten stets Backups auf einem gesonderten Speichermedium und etikettieren Sie diese deutlich.

▼ **INFORMATION SPEICHERN**
Legen Sie Ihre Dokumente und Ordner strukturiert ab. Andernfalls bekommen Sie schnell ein Durcheinander von Dateien, deren Namen Ihnen nichts mehr sagen. Nehmen Sie sich jeden Monat eine halbe Stunde Zeit, Ihre Dateien abzulegen.

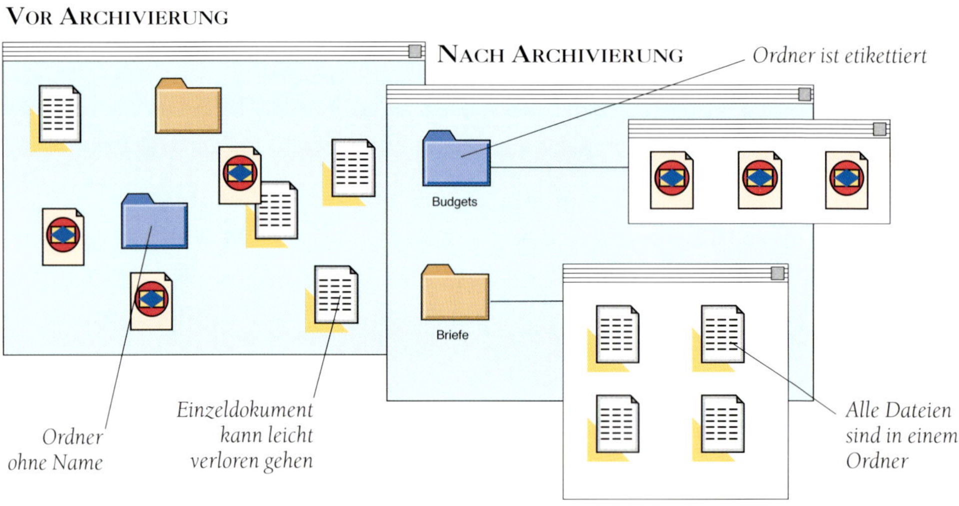

E-MAIL

Es gibt zwei Arten von E-Mail-Systemen: Das Intranet innerhalb von Firmen übermittelt Mitteilungen zwischen Kollegen, die auf einem Server basierende E-Mail ermöglicht internationale Kommunikation. E-Mail ist einfach in der Anwendung und kann als Kanal für mehr als nur einfache Mitteilungen dienen. Sie können jedes digitale Dokument als Anlage senden, so dass es nicht übertragen oder abgetippt werden muss, sofern der Empfänger über die richtige Software zum Öffnen verfügt. Halten Sie die Datenmenge einer Anlage möglichst klein. Packer-Software leistet hier gute Dienste.

70 Halten Sie Ihre E-Mails kurz und sorgen Sie für eine korrekte Adresse.

SUCHEN IM INTERNET

Das Internet bietet eine Anzahl von Suchmaschinen – Systeme, die Ihnen schnelle Informationssuche ermöglichen. Wählen Sie sorgfältig die Begriffe, unter denen Sie suchen. Machen Sie das nicht, bekommen Sie eine unübersehbare Menge von Informationen, von denen die meisten für Sie uninteressant sind. Nehmen Sie sich die Zeit, die »Hilfe«-Funktion der jeweiligen Suchmaschine zu lesen.

DIE WEB-SITE ▶
In der Internet-Sprache ist die Web-Seite das, was Sie auf dem Bildschirm sehen. Eine Web-Site kann komplex sein und viele Seiten enthalten, im Allgemeinen bietet sie auch Links zu anderen Sites.

BESPRECHUNGEN

Besprechungen beanspruchen einen Großteil der Arbeitszeit. Die meisten Manager sind ihren halben Tag in Sitzungen. Sich darum zu kümmern, dass die Gespräche glatt und erfolgreich verlaufen, ist ein wesentlicher Teil des Zeitmanagements.

71 Ermutigen Sie Mitarbeiter, ihre Ansicht frei zu äußern.

72 Hören Sie mehr zu als selbst zu reden.

EINZELGESPRÄCHE

Einzelgespräche sind flexibler als große, formelle Konferenzen, und ihre Dauer lässt sich leicht begrenzen. Sie sollten sich bemühen, das Gespräch nicht allzu kurz zu halten (das ist frustrierend für den Partner), aber auch nicht so lang ausufern zu lassen, dass beide Seiten das Gefühl haben, ihre Zeit sei verschwendet.

MITARBEITERBEURTEILUNG ▼
Die Mitarbeiterbeurteilung ist ein heikles Beispiel für Einzelgespräche. Sie sollte eine bestimmte Dauer haben und ungestört verlaufen.

Manager spricht ermutigend und direkt

Angestellter ist aufnahmebereit und zuversichtlich

Angestellter notiert das Wesentliche

EINZELGESPRÄCHE TIMEN

Manche Einzelgespräche haben einen speziellen Zweck, z. B. Einstellungsgespräche oder Mitarbeiterbeurteilungen, und die Dauer ist damit ungefähr vorgegeben. Weniger formelle Einzelgespräche sind meist entweder kurz und gezielt, als Reaktion auf eine bestimmte Situation (z. B. ein Tadel), oder allgemeiner und von unbestimmter Dauer. In letzterem Fall sollten Sie von vornherein eine bestimmte Zeit für das Gespräch festlegen. Wenn Sie Ihrem Partner sagen, dass dieses Gespräch soundso lange dauern wird, kann er sich darauf einstellen. Halten Sie die festgelegte Zeit möglichst ein, aber sorgen Sie auch dafür, dass in diesem Gespräch wirklich alles geklärt wird und es keine Missverständnisse und offenen Punkte gibt.

73 Lassen Sie sich »dringend« abrufen, wenn ein Treffen sich dahinzieht.

▼ **MITARBEITER TADELN**

Tadel sollte kurz sein, ohne Erregung und möglichst bald nach dem Vorfall ausgesprochen werden. Das Thema sollte in einem einzigen Gespräch behandelt und behoben werden. Körpersprache unterstreicht und verstärkt Ihre Aussage.

KONFERENZEN PLANEN

Sorgen Sie dafür, dass jeder Teilnehmer schon vorher den Zweck der Konferenz und seine Rolle kennt. Verteilen Sie rechtzeitig eine Tagesordnung, damit die Teilnehmer wissen, welche Themen besprochen werden sollen. Dadurch können sie sich vorbereiten, notwendige Information beschaffen, und sie wissen ungefähr, wie lange die Konferenz dauern wird. Für den Vorsitzenden ist es leichter, zeitraubende Manöver zu beschränken, wenn er sich auf die gesteckte Frist berufen kann. Ihre Agenda hilft auch, die geplante Zeit für einzelne Themen einzuhalten.

74 Legen Sie für jeden Tagesordnungspunkt eine Zeit fest.

75 Holen Sie Teilnehmer nur bei den Punkten dazu, die sie betreffen.

KULTURELLE UNTERSCHIEDE

Unterschiedliche Kulturen haben ihre eigene Sicht auf Konferenzen, und daher hängt deren Ablauf auch von der Nationalität der Teilnehmer ab. Für Japaner ist es eine Beleidigung, wenn nur einer zur Konferenz erscheint – man ehrt den Gastgeber durch zahlreiches Erscheinen. In arabischen Ländern will man nicht gesagt bekommen, wie lange die Konferenz dauern soll.

AGENDA VORBEREITEN

Die Reihenfolge der Tagesordnungspunkte kann das Timing der Konferenz erheblich beeinflussen. Setzen Sie an den Anfang keinesfalls ein strittiges Thema, bei dem die Konferenzteilnehmer zu viel Zeit mit Diskussionen verbringen. Stattdessen beginnen Sie mit Routine und einfachen Fragen, die leicht zu entscheiden sind. Das verleiht der Konferenz Schwung und gibt den Teilnehmern bald das Gefühl, etwas erreicht zu haben.

ZEITVERSCHWENDUNG VERMEIDEN

Zeitverschwendung bei Konferenzen kostet mehr als nur die Zeit der Teilnehmer. Die Kosten der Konferenz werden beachtlich, wenn man die Gehälter der Teilnehmer berücksichtigt. Deshalb sollte an der Konferenz niemand unnötig teilnehmen, Störungen sind indiskutabel und straffe Leitung ist angesagt. Tolerieren Sie keine zeitvergeudenden Taktiken, wie überflüssige Reden oder endloses Überprüfen von Punkten. Wenn Sie den Vorsitz führen, ist es an Ihnen, die Taktik zu erkennen und dafür zu sorgen, dass es weitergeht.

ZEITPLAN EINHALTEN

Konferenzen sollten pünktlich anfangen: Beginnen Sie ohne Rücksicht auf Zuspätkommer und verschwenden Sie keine Zeit mit Rekapitulation, wenn sie da sind. Halten Sie stets den Zeitplan ein. Verschieben Sie komplizierte Themen an das Ende, damit die übrigen Punkte ohne Verzögerung behandelt werden können.

76 Erinnern Sie im Protokoll alle daran, was vereinbart wurde.

KONFERENZ BEWUSST STEUERN

AUF KURS		AUSSER KURS
Jeder rechtzeitig	**Konferenz beginnen**	*Wegen Spätkommer unterbrochen*
Jeder hat Gelegenheit zu sprechen	**Alle Ansichten werden vorgetragen**	*Willkürliche Unterbrechungen zulässig*
Kompromisse akzeptiert	**Diskussion führen**	*Gereizte Stimmung geduldet*
Beschlüsse kurz und bündig	**Beschlüsse fassen**	*Bereits Erörtertes wird wiederholt*
Maßnahmen durchführbar	**Maßnahmen beschließen**	*Termine nicht festgelegt*
Schriftliches Protokoll erstellt	**Zusammenfassen und Konferenz beenden**	*Keine Übereinstimmung erzielt*

GESCHÄFTSREISEN

Immer mehr Manager müssen feststellen, dass Reisen zum integralen Bestandteil ihrer Arbeit geworden sind. Das zweckmäßige Organisieren von Geschäftsreisen ist somit für viele zu einem wesentlichen Bestandteil ihres Zeitmanagements geworden.

77 Überlegen Sie vor der Reise, ob sie notwendig und kosteneffektiv ist.

78 Packen Sie nach Möglichkeit alles Nötige in einen einzigen Handkoffer.

NOTWENDIGKEIT ABWÄGEN

Ehe Sie Reisepläne machen, sollten Sie sich einige Fragen stellen: Nutze ich meine Zeit richtig, wenn ich diese Reise mache? Hätte ein Anruf oder Brief nicht genügt? Kann ich einen anderen schicken? Kann ich die Leute, die ich besuchen muss, überreden, mich zu besuchen? Könnte ich sie auf halbem Weg treffen? Wenn eine Antwort »Ja« ist, denken Sie über die Notwendigkeit der Reise nach.

EFFIZIENT PACKEN

Effizientes Packen setzt voraus, dass Sie Ihren Bedarf entsprechend der Dauer Ihrer Reise genau abwägen. Für eine kurze Reise nehmen Sie nur so viel an Kleidung und Bedarfsartikeln mit, wie Sie voraussichtlich benötigen. Auch wenn Sie länger unterwegs sein sollten, kann es unter Umständen sinnvoller sein, weniger Kleidung mitzunehmen und diese am Aufenthaltsort reinigen zu lassen, als sich mit schweren Koffern zu belasten.

▼ AKTENKOFFER PACKEN
Nehmen Sie nur das Nötigste mit, nämlich Unterlagen und Dinge, die Sie für die geplanten Besprechungen und für den Kontakt mit Ihrem Büro benötigen.

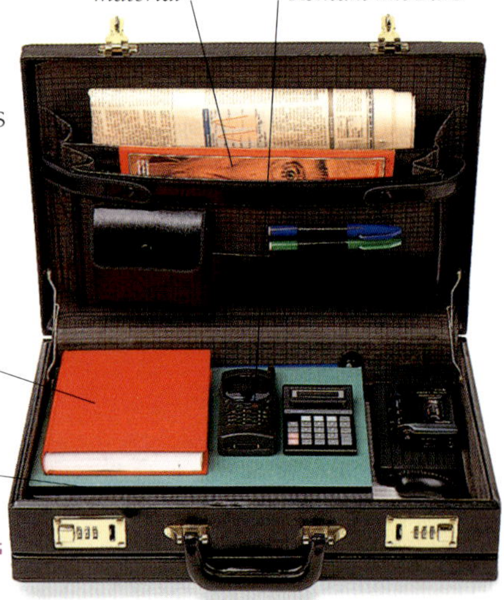

79 Nehmen Sie Ihre Arbeitsunterlagen mit ins Flugzeug.

ORGANISIEREN SIE IHRE REISEZEIT

VOR DER REISE

- Planen Sie Ihre Reiseroute sorgfältig.
- Kombinieren Sie nach Möglichkeit mehrere Besuche im selben Land oder Bezirk.
- Entwerfen Sie eine genaue Tagesplanung. Hinterlassen Sie Ihren Kollegen im Büro eine Kopie, damit man weiß, wo man Sie notfalls erreichen kann.
- Sammeln Sie alle Dokumente, die Sie unterwegs für Ihre Gespräche benötigen.
- Bestätigen Sie vor der Abfahrt alle Termine für den Fall, dass ein Gespräch verschoben wird oder sich erübrigt.
- Legen Sie eine Akte mit allgemeiner Information an, die Sie bei jedem Besuch benutzen können.
- Reservieren Sie bei Bahnreisen Ihren Platz im Voraus, so dass Sie erst unmittelbar vor Abfahrt des Zugs am Bahnhof sein müssen.

UNTERWEGS

- Bleiben Sie mit Ihrem Büro in Kontakt, so dass man über Ihre Fortschritte auf dem Laufenden ist und Sie den neuesten Stand der Dinge kennen.
- Verwenden Sie ein Diktiergerät für Memos oder Notizen bzw. ein Notebook für E-Mails oder sonstige Bildschirmarbeit.
- Benutzen Sie Ihren eigenen Wecker zur Sicherheit, falls der telefonische Weckdienst im Hotel unzuverlässig ist.
- Am Bestimmungsort sollten Sie nach Möglichkeit außerhalb der Spitzenverkehrszeiten fahren; das stresst weniger und geht schneller.
- Kombinieren Sie Mahlzeiten mit geschäftlichen Besprechungen; damit sparen Sie nicht nur Zeit, sondern sorgen zugleich für eine zwanglosere Atmosphäre.

ZEITVERSCHIEBUNG

Ihr Tag wird von einer inneren Uhr gesteuert, die Ihr Schlafschema steuert. Wenn Sie in andere Zeitzonen reisen, bekommen Sie Probleme durch den so genannten Jetlag. Wenn Sie in eine Zeitzone mit zwei oder drei Stunden Differenz fliegen, gehen Sie am Tag vor dem Abflug zur Zeit Ihres Bestimmungsortes ins Bett. Dadurch passt sich Ihr Körper an die künftige Schlafenszeit an. Bei Zielen mit größerer Zeitdifferenz sorgen Sie dafür, dass Sie vor der Reise ausgeruht sind und nach der Ankunft eine Ruhepause haben.

80 Stellen Sie Ihre Uhr am Ziel auf Ortszeit ein.

◀ **LEICHT REISEN**

Moderne Taschen und Koffer sind ergonomisch entworfen. Verwenden Sie Koffer oder Taschen mit Rädern, damit Sie nicht schwer tragen müssen. Nehmen Sie möglichst alles als Handgepäck mit ins Flugzeug, um bei der Ankunft Zeit zu sparen.

KONTAKT HALTEN

Es ist wichtig festzulegen, wie Sie auf Reisen mit Ihrem Büro Kontakt halten wollen, aber bleiben Sie dabei realistisch. Ihnen stehen viele, unterschiedlich komplexe Kommunikationsmethoden zur Verfügung – entscheiden Sie sich für die angenehmste.

In manchen Fällen kann Ihre Abwesenheit für praktische Probleme sorgen. Zum Beispiel kann Ihre Unterschrift auf wichtigen Dokumenten erforderlich sein. In solchen Fällen ist es möglich, einen Nachtkurier zu buchen, der Ihre Dokumente bringt und ins Büro zurück befördert.

NICHT VERGESSEN

- Faxe sind nicht nur schneller als Briefe, sondern auch billiger.
- Laptops können mit Modems ausgerüstet werden, um Faxe oder E-Mails zu versenden.
- Handys funktionieren nicht überall.
- Internationale Gesprächskosten können unterschiedlich sein. Vor allem Gespräche aus Hotels sind teuer. Deshalb sollten Sie die Kosten prüfen, bevor Sie aus Übersee anrufen.

KOMMUNIKATION AUF REISEN

Während einer Geschäftsreise mit den Kollegen im Büro in Verbindung zu bleiben ist heute einfacher und zuverlässiger als je zuvor. Je nach Aufenthaltsort und der Art der Kommunikation, die Sie senden oder erhalten wollen, bieten sich folgende Methoden an:

▲ **TELEFON**
Hinterlassen Sie in Ihrem Büro eine Kontaktnummer. Die meisten Hotels berechnen vom Zimmer überzogene Gebühren.

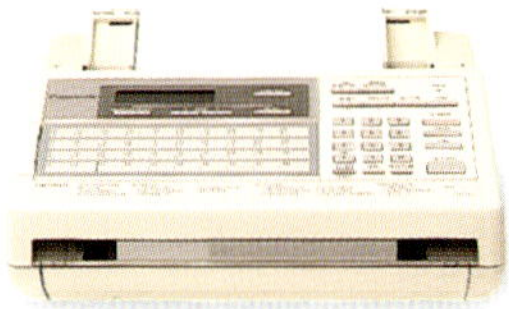

▲ **TELEFAX**
Faxen Sie, wenn Sie eine schnelle Antwort wünschen. Jedes Hotels hat ein zentrales Faxgerät an der Rezeption.

HANDY ▶
Die meisten mobilen Telefone funktionieren auch in Übersee. Handy sind vor allem nützlich, wo es keine öffentlichen Telefone gibt.

◀ **E-MAIL**
Versenden Sie dringende Dokumente und Mitteilungen per E-Mail. Dazu brauchen Sie einen Computer mit Modem oder ISDN-Karte.

◀ **POST**
Versenden Sie Originaldokumente oder Post, die der Unterschrift bedarf, per Kurier. Auch Luftpost kann einige Zeit unterwegs sein.

OPTIMALE REISEPLANUNG

Vor der Abreise machen Sie einen Zeitplan, der Ihre Zeit optimal nutzt. Reduzieren Sie die Dauer Ihrer Abwesenheit und die Reisekosten auf ein Minimum. Wenn Sie glauben, dass Sie auf Geschäftsreisen Ihre normale Arbeit weiterhin erledigen können, irren Sie sich vermutlich – es ist aber auch nicht unbedingt nötig. Beschränken Sie trotzdem Ihre Freizeit auf ein Minimum. Nutzen Sie die Zeit, die Ihnen bleibt, sich auf den Zweck Ihrer Reise zu konzentrieren.

81 Ehe Sie vom Hotel telefonieren, erfragen Sie die Gebühren.

82 Denken Sie an Adapter für Ihre elektrischen Geräte.

AUFZEICHNUNGEN AKTUALISIEREN

Den größten Teil Ihrer Zeit werden Sie mit Besprechungen verbringen – je länger die Reise, desto mehr Besprechungen. Bestimmt müssen Sie Ihre Aufzeichnungen täglich aktualisieren, sonst bringen Sie alles durcheinander, wenn Sie ins Büro zurückkehren, und wissen nicht mehr, was Sie mit wem vereinbart haben. Schreiben Sie Verhandlungsergebnisse und Maßnahmen täglich auf.

◀ **ARBEIT IM HOTELZIMMER**
Nutzen Sie die Ruhe des Hotelzimmers, um die Ereignisse des Tages zu notieren und die Gespräche des nächsten Tages vorzubereiten. Ideal ist ein Notebook, um den Verlauf und die Resultate Ihrer Gespräche zu notieren und mit dem Büro zu korrespondieren. In großen Hotels können Sie Ihre Aufzeichnungen auch tippen lassen und dann auf elektronischem Wege übermitteln.

ABWESENHEIT PLANEN

Erfolgreiches Zeitmanagement beinhaltet mehr als nur die Organisation Ihrer Arbeit. Wenn Sie nicht regelmäßige Pausen einplanen, um Ihre Batterien aufzuladen, leidet die Arbeit darunter. Nehmen Sie sich Zeit für Familie, Freunde, Sport und Hobbys.

83 Machen Sie lieber zwei oder drei Kurzurlaube statt eines langen.

NICHT VERGESSEN

- Wegen einer Pause brauchen Sie kein schlechtes Gewissen zu haben. Sie hilft, bei der Arbeit effizienter zu sein.
- Selbst wenige Minuten können Wunder wirken.
- Arbeitsurlaub ist ein Widerspruch in sich.
- Gymnastik baut Stress ab und ist eine sinnvolle Unterbrechung der Arbeit – falls Ihr Arbeitsplatz Duschen und Umkleideräume hat.
- Urlaub und Geschäftsreisen können eine hervorragende Übung zum Delegieren von Arbeit sein.

DIE TÄGLICHEN PAUSEN

Manche Führungskräfte sehen täglich eine kurze Erholungspause vor. Ähnlich der Siesta, machen sie diese oft kurz nach dem Mittagessen. Die Tür ist dann für alle verschlossen, so dass ein Nickerchen möglich ist. Nach etwa zehn Minuten ist man oft wieder frisch. Planen Sie täglich eine feste Erholungszeit ein. Sehen Sie dafür eine ruhige Zeit vor, die zu Ihrem persönlichen Energierhythmus und Ihren Verpflichtungen passt.

Es kann sich als schwierig erweisen, einen geeigneten Platz für so eine Pause zu finden. Großraumbüros sind laut und bieten keine Privatsphäre. Wenn Sie keinen leeren Raum fern von allem Trubel finden, gehen Sie lieber an die frische Luft.

84 Planen Sie regelmäßig Freizeit für Ihre privaten Interessen.

◀ **SICH EINE PAUSE GÖNNEN**

Rennen Sie nach einer hektischen Konferenz nicht gleich zurück ins Büro – trinken Sie Kaffee oder gehen Sie spazieren. Damit bekommen Sie wieder einen klaren Kopf.

Batterien aufladen

Zum Aufladen Ihrer Batterien brauchen Sie ein ausgewogenes Privatleben und Freizeit. Verbringen Sie diese Zeit mit Familie und Freunden und treiben Sie Sport. Sie sollten sich gesund ernähren, neue Erfahrungen machen und ab und zu Urlaub nehmen. Wenn Sie keine schulpflichtigen Kinder haben, planen Sie Ihren Urlaub am besten außerhalb der Saison.

▲ **EINFACH MAL WEG**
Szenenwechsel hilft Ihnen, sich zu entspannen. Jeder Mensch braucht eine Unterbrechung der täglichen Routine, um Stress abzubauen. Schon ein Kurztripp oder Wochenendausflug in die Natur kann viel bewirken.

Vorausplanen

Richtiges Zeitmanagement heißt Vorausplanen. Wenn Sie den Urlaub rechtzeitig einplanen, können Sie auch Ihre Arbeit vor und nach der Abwesenheit besser in den Griff bekommen. Nehmen Sie sich zu Beginn eines jeden Jahres Zeit, Ihren Terminkalender einzurichten. Stellen Sie fest, wann Sie wahrscheinlich viel und wann weniger zu tun haben. Mit diesem Überblick können Sie Ihre Urlaubszeiten planen. Bitten Sie alle in Ihrer Abteilung, ebenso zu verfahren, so dass Sie sehen können, ob zeitliche Unstimmigkeiten entstehen.

85 Versuchen Sie, täglich etwas Neues zu erleben.

▼ **ABWESENHEIT ORGANISIEREN**
Schätzen Sie, wie geballt Ihre Verpflichtungen sind, und tragen Sie das in einen Wandkalender ein. So lässt sich abwägen, wann die günstigste Zeit für Urlaub ist.

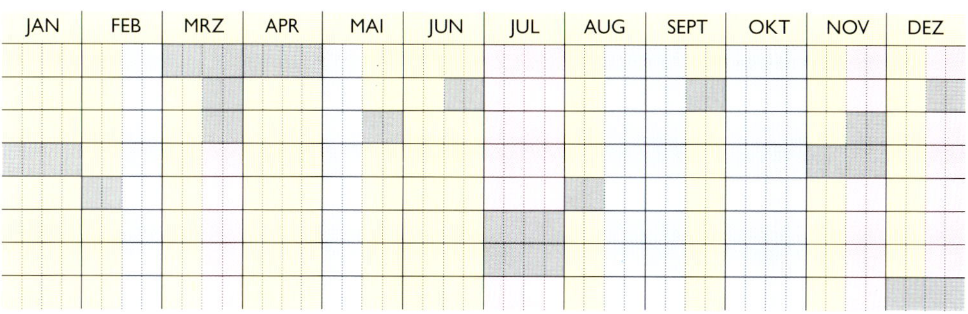

Zeit durchschnittlicher Arbeit
Zeit schwerer Arbeitsbelastung
Zeit geringer Arbeitsbelastung

ABSTIMMUNG MIT ANDEREN

Um Ihre Zeit optimal zu nutzen, müssen Sie auch die Zeit Ihrer Mitarbeiter, Kollegen und Vorgesetzten managen. Lernen Sie richtiges Delegieren und eine produktive Aufgabenteilung.

RICHTIG KOMMUNIZIEREN

Um andere zu bewegen, ihre verfügbare Zeit auf bestmögliche Weise zu nutzen, müssen Sie zuerst die Kunst der Kommunikation beherrschen. Das heißt, Sie müssen nicht nur wissen, was Sie sagen wollen, sondern auch, wie Sie es sagen sollten.

86 Erwarten Sie viel, die anderen werden sich danach richten.

KULTURELLE UNTERSCHIEDE

In vielen asiatischen Ländern ist das Hierarchiedenken tief verwurzelt, und Alter spielt eine große Rolle. Ein junger Manager sollte nicht erwarten, dass er in China Gehör findet. Einem grauhaarigen Berater wird man mehr Ehrfurcht zollen, selbst wenn ein junger genau dasselbe sagt.

INFORMATION VERBREITEN

Gegenwärtig entwickelt sich eine Unternehmenskultur, in der Kommunikation untereinander leichter ist. Ein kultureller Wandel hat die Unternehmen aufgeschlossener gemacht. Das können Sie nutzen, um Zeit zu sparen, z. B. indem Sie Information mündlich statt schriftlich verbreiten. Mündliche Kommunikation ist direkter, fördert das Gefühl der Gemeinsamkeit und regt Mitarbeiter an, sich aktiver für das Unternehmen einzusetzen. Trotzdem sollte alles Wesentliche, das mündlich vermittelt wird, auch schriftlich festgehalten werden, um Ungewissheiten zu minimieren.

METHODEN REVIDIEREN

Intranet und E-Mail gestatten schnelle, einfache Informationsverbreitung. Dank dieser Technologien wird auch die Arbeit zu Hause zu einer immer praktischeren und attraktiveren Option. Aber hüten Sie sich vor Informationsüberlastung: Die Menge der Information kann das, was eigentlich Müll ist, wichtiger erscheinen lassen, als es ist. Die Bequemlichkeit elektronischer Kommunikation verführt leicht dazu, Mitteilungen zu versenden, die eigentlich überflüssig sind. Auch wenn sich in modernen Unternehmen Kommunikationswege öffnen, fehlt es den Empfängern oft an der nötigen Hintergrundinformation. Seien Sie also stets klar und präzise, um Missverständnisse zu vermeiden.

87 Überzeugen Sie durch Fakten, nicht durch Emotionen.

88 Interessieren Sie sich dafür, was andere zu erreichen versuchen.

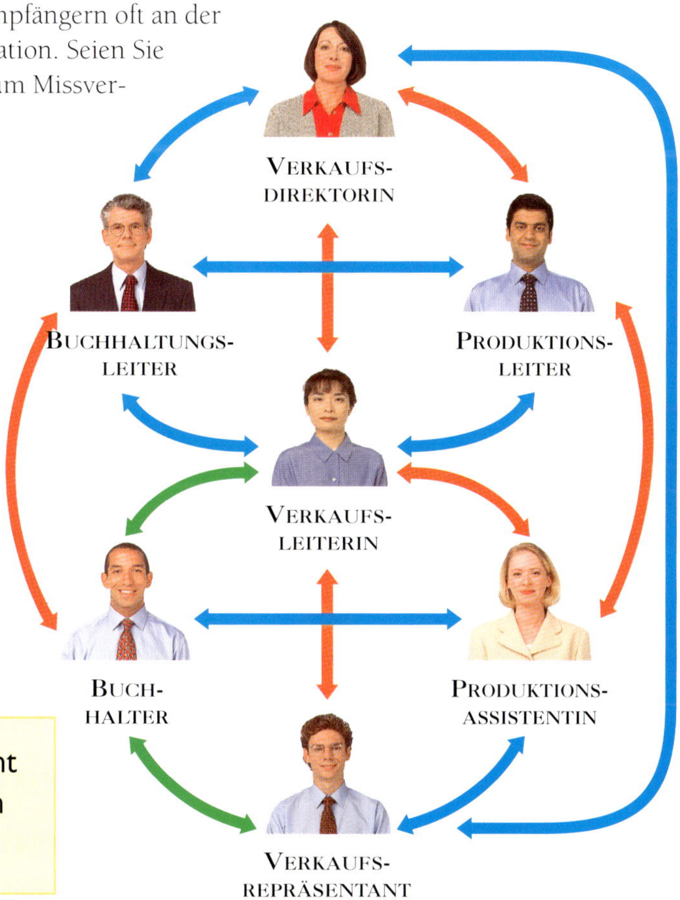

INFORMATIONSFLUSS

Gewisse Kommunikationsstränge sind in Unternehmen besser entwickelt als andere. Zum Beispiel wird die Verkaufsabteilung mehr mit der Produktion kommunizieren als mit Kollegen in der Buchhaltung.

Rege Kommunikation

Gelegentliche Kommunikation

Seltene Kommunikation

89 Hören heißt nicht Zuhören. Lernen Sie zuhören.

SINNVOLL DELEGIEREN

Einer der Schlüssel zum effektiven Management ist das Delegieren von Arbeit an andere – niemand kann alles selbst erledigen. Lernen Sie, einzelne Aspekte Ihrer Arbeit sinnvoll zu delegieren, dann haben Sie Zeit, Ihre wichtigsten Aufgaben zu erledigen.

90 Legen Sie die Ziele deutlich dar, wenn Sie eine Aufgabe delegieren.

91 Reservieren Sie Zeit für Dinge, die nur Sie machen können.

NICHT VERGESSEN

- Wenn Sie delegieren, so delegieren Sie nicht das Recht, etwas zu tun, Sie delegieren das Recht, Entscheidungen zu treffen.
- Flexibilität ist wichtig, denn derjenige, an den Sie delegierten, könnte eventuell ein besseres Verfahren zur Ausführung anwenden als Sie.
- Ein Briefing kann missverstanden werden, deshalb lassen Sie es sich wiederholen, und prüfen Sie so, ob es richtig verstanden wurde.
- Die Gesamtverantwortung für die delegierte Aufgabe bleibt bei Ihnen.
- Es ist hilfreich, wenn Sie konstruktives Feedback bieten können.
- Zu viel Kritik schadet mehr als zu viel Lob.

DELEGIEREN LERNEN

Der Prozess des Delegierens umfasst die Entscheidung zum Delegieren, das Briefing und das Nachfassen. Bei jedem dieser Punkte können Sie potentielle Probleme abfangen.

- Die Entscheidung: Zwingen Sie sich zum Delegieren. Es bringt nichts, wenn Sie davon ausgehen, es dauere länger, einen anderen in den Job einzuweisen, als ihn selbst zu erledigen. Delegieren lohnt sich wirklich – wenn jemand eine bestimmte Aufgabe begriffen hat, kann er sie künftig ohne wiederholtes Briefing selbständig ausführen.
- Das Briefing: Vergewissern Sie sich, dass die Person, an die Sie delegieren, die Aufgabe deutlich versteht – was Sie erwarten und bis wann. Bieten Sie weiteren Rat und Hilfe an.
- Das Nachfassen: Überwachen Sie den Verlauf der Arbeit während der Ausführung. Geben Sie positives Feedback, aber übertreiben Sie nicht – der Schritt von hilfreicher Beaufsichtigung zu nervender Einmischung ist nur klein.

92 Legen Sie eine Checkliste an, um an andere delegierte Aufgaben zu überwachen.

BRIEFING UNTERMAUERN

Beim Delegieren kommt es nicht nur auf ein klares Briefing an, Sie müssen auch alle Informationen zur Verfügung stellen, die der andere braucht. Um Fehlinterpretation zu vermeiden, nehmen Sie sich Zeit, genau zu erklären, was Sie erwarten und wie sich das Projekt in Ihren Gesamtplan einfügt. Erörtern Sie, welche Schwierigkeiten auftreten könnten und wie man sie angehen kann. Beantworten Sie Rückfragen, die bei der Ausführung kommen.

93 Belohnen Sie gute Arbeit großzügig und tadeln Sie Trägheit.

VERANTWORTLICHKEIT FESTIGEN

94 Setzen Sie für delegierte Aufgaben realistische Fristen an.

Delegieren heißt nicht, die Leitung eines Projekts abgeben, sondern die Verantwortung für gewisse Aufgaben übergeben. Ermutigen Sie die Mitarbeiter, nach ihren eigenen Methoden zu arbeiten, sofern sie sich an das Briefing halten. Dadurch können sie ihr Fachwissen nutzen und neue Erfahrungen machen. Eine der üblichen Streitfragen beim Delegieren ist das Problem der Verantwortlichkeit. Deshalb müssen Sie genau definieren, wofür der Beauftragte verantwortlich ist.

FRAGEN DES DELEGIERENS

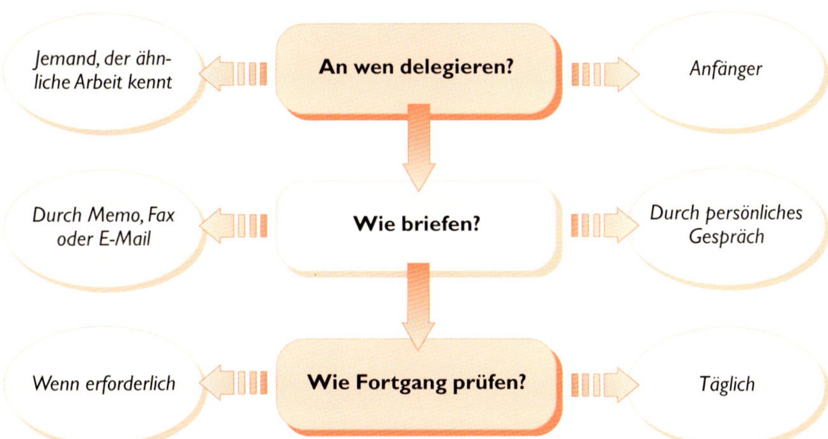

MIT KOLLEGEN UMGEHEN

Zu den schwierigsten Dingen gehört es, Ihr Zeitmanagement mit den Kollegen in Übereinstimmung zu bringen. Sind Sie zugänglich, dann verfügen Sie nicht mehr frei über Ihre Zeit, sind Sie distanziert, müssen Sie auf die Hilfe der Kollegen verzichten.

95 Gestatten Sie Kollegen nicht, Sie mit Belanglosigkeiten abzulenken.

ZUSAMMENARBEIT

Die traditionellen Unternehmenshierarchien werden allmählich abgebaut. Aufgaben werden vermehrt Teams zugewiesen, die für Projekte zusammengestellt werden. Das bedeutet, dass Sie mit unterschiedlichen Menschen zusammenarbeiten und versuchen müssen, mit ihnen einvernehmlich Arbeitsprioritäten festzulegen.

96 Halten Sie Besprechungen im Büro des Kollegen, dann können Sie gehen.

ERFAHRUNG IM ZEITMANAGEMENT TEILEN

AUFGABEN	MÖGLICHKEITEN DES AUSTAUSCHS
ARBEITS-PRIORITÄTEN	• Besprechen Sie das Prinzip der Arbeitsgliederung in A-, B- und C-Aufgaben und die Anzahl der Aufgaben, die täglich zu erledigen sind. • Verwenden Sie Beispiele aus dem Arbeitsbereich Ihrer Kollegen.
TERMINKALENDER UND -PLANER	• Bitten Sie Ihre Kollegen, ein Zeitprotokoll zu führen, es mit Ihnen zu besprechen und die jeweiligen Arbeitsstrukturen herauszufinden. • Helfen Sie Ihren Kollegen beim Erstellen eines Planungssystems.
INFORMATION FILTERN	• Regen Sie Ihre Kollegen dazu an, bei jeder eingehenden Information zu erwägen, welche Maßnahmen erforderlich sind. • Geben Sie Tipps zum schnelleren Lesen und Ihre Erfahrung damit weiter.
DELEGIEREN UND NACHFASSEN	• Erörtern Sie spezifische, verwandte Beispiele aus der Vergangenheit, um die beste Handlungsweise für den Augenblick zu bestimmen. • Seien Sie stets bereit, sich auf neue Methoden einzulassen.

AUF ZIELE KONZENTRIEREN

Es ist eine zeitsparende Angewohnheit, zu Beginn einer Besprechung zu klären, was bei diesem Treffen herauskommen soll. Um die Möglichkeiten zu klassifizieren, gibt es drei grobe Kategorien: Brauchen Sie Rat, Information oder eine Entscheidung?

Benennen Sie zu Beginn eines jeden Gesprächs genau, was Sie voneinander erwarten. Mit dieser Festlegung können Sie sofort ziemlich genau einschätzen, wieviel Zeit der Gesprächsaustausch beanspruchen wird. Die drei Kategorien helfen Ihnen auch, zu entscheiden, wie Sie auf Kollegen reagieren, die auf Sie zukommen.

INTERAKTIONEN

RAT
Wenn Sie einem Kollegen einen Rat erteilen wollen, so machen Sie das nur, wenn Sie viel Zeit zur Verfügung haben. Rat können Sie niemals erteilen, wenn Sie in Eile oder unkonzentriert sind.

INFORMATION
Informationen werden nur in eine Richtung weitergegeben – meist bedarf es keines Feedback. Planen Sie täglich eine gewisse Zeitspanne für Informationsvermittlung ein.

ENTSCHEIDUNG
Eine Entscheidung zu fällen kann beachtliche Zeit erfordern. Wichtig ist dabei, dass Sie sich auch unter Zeitdruck nicht zu voreiligen Entscheidungen verleiten lassen.

MEINUNGEN EINHOLEN

Nur von Kollegen können Sie ein halbwegs neutrales Feedback zu Ihrer Arbeitsweise bekommen. Vorgesetzte oder Untergeordnete innerhalb der Unternehmenshierarchie können das nicht leisten, weil die einen zu aufgabenbezogen denken und die anderen sich vermutlich nicht trauen.

Ermutigen Sie Ihre Kollegen, Ihnen zu sagen, was sie über Ihre Leistung denken. Vielleicht bekommen Sie wertvolle Hinweise. Sie könnten Ihnen beispielsweise sagen, dass Ihre Konferenzen zu lange dauern. Vielleicht hören Sie auch, dass Sie für andere viel zu selten zu sprechen sind. Hören Sie auf den Rat der Kollegen.

97 Reservieren Sie Zeiten, wann Ihr Büro offen steht.

98 Besuchen Sie Kollegen nur, wenn Sie etwas zu besprechen haben.

VORGESETZTE EINBEZIEHEN

Jeder sollte den Umgang mit seinen Vorgesetzten im Auge behalten, wenn er seine Zeit nach bester Möglichkeit nutzen will. Seien Sie dabei stets taktvoll, so dass Ihr Chef nicht den Eindruck bekommt, Sie würden ihn hintergehen oder manipulieren.

99 Berücksichtigen Sie die Arbeitsstruktur Ihres Chefs und passen Sie sich an.

100 Versuchen Sie, ein gutes Verhältnis zu Ihrem Chef aufzubauen.

EINE BEZIEHUNG AUFBAUEN

Als erstes müssen Sie genau wissen, was Ihr Chef von Ihnen erwartet. Haben Sie einen Vorgesetzten, der Ihnen eine Aufgabe delegiert und Ihnen dann alle Freiheit lässt? Oder erwartet er, dass Sie ihm täglich Bericht erstatten und warten, bis er frei ist, um Sie anzuhören? Besprechen Sie diese Frage frühzeitig, aber taktvoll mit ihm. So können Sie Ihre Arbeit auf die Erwartungen Ihres Chefs zuschneiden.

Wenn Sie selbständig arbeiten wollen, überzeugen Sie Ihren Vorgesetzten, dass er Ihnen vertrauen kann. Beweisen Sie es mit guten Resultaten und bauen Sie ein gutes Verhältnis zu Ihrem Chef auf. Wenn Sie weniger förmlich sein müssen, wird die Kommunikation direkter und daher effizienter.

Sammeln Sie, was Sie mit Ihrem Chef besprechen wollen

◀ **FRAGEN ZURECHTLEGEN**
Ergreifen Sie die Initiative und melden Sie sich zur Besprechung beim Chef an, statt zu warten, bis er Sie zitiert. Vielleicht hat er so viel zu tun, dass er gar nicht bemerkt, dass Sie seine Unterstützung brauchen.

EFFIZIENT KOMMUNIZIEREN

Der Beziehung zu Ihrem Vorgesetzten liegt die implizite Annahme zugrunde, dass er mehr zu tun hat als Sie. Wenn Sie etwas zu besprechen haben, so fassen Sie sich kurz. Kommen Sie schnell zur Sache und versuchen Sie, alle Fragen, die Ihr Chef stellen könnte, vorher zu bedenken und möglichst vorwegzunehmen. Untermauern Sie das Gespräch mit Fakten, und halten Sie sich mit persönlichen Ansichten zurück.

TUN UND LASSEN

- ✔ Kommen Sie zu Gesprächen gut vorbereitet und mit allen wichtigen Unterlagen.
- ✔ Notieren Sie wichtige Punkte, und geben Sie Ihrem Chef eine Kopie.
- ✔ Bündeln Sie Fragen, damit Sie nicht fortwährend unterbrechen müssen.
- ✔ Finden Sie heraus, ob Ihr Chef schriftlich oder mündlich informiert werden will. Halten Sie sich daran.
- ✗ Äußern Sie Ihre Meinung nur, wenn Sie gefragt werden, wenn sie wichtig ist oder zur Sache beiträgt.
- ✗ Tragen Sie keine Probleme vor, ohne zugleich praktische Lösungen anzubieten.
- ✗ Kommen Sie nicht zu spät zu Gesprächen mit Ihrem Vorgesetzten.
- ✗ Halten Sie gelegentliche Gedankenlosigkeit Ihres Chefs nicht für Böswilligkeit.

SELBSTÄNDIG HANDELN

Wenn Sie allmählich ein gutes Verhältnis zu Ihrem Chef haben, können Sie selbständiger handeln – und somit effizienter und zufriedener arbeiten. Natürlich werden sich die Prioritäten Ihres Vorgesetzten immer wieder ändern (ebenso wie Ihre eigenen), und Ihre Aufgabe ist es, sich an die veränderten Bedingungen anzupassen. Sie können kaum etwas gewinnen, wenn Sie schroff zu Ihrem Vorgesetzten sind. Das provoziert nur und ruft dementsprechende Reaktionen hervor. Man wird Ihnen nicht zuhören und für Ihre Ansichten kein Verständnis haben. Denken Sie an den Druck, dem Ihr Chef ausgesetzt ist, das wird Ihre Verständnisbereitschaft erhöhen.

101 Berücksichtigen Sie: Zeit betrifft alle. Niemand hat mehr oder weniger davon.

WANN IST RAT ANGEBRACHT?

Die drei Kategorien beruflicher Kommunikation, Rat, Information und Entscheidung, helfen auch beim Umgang mit Ihrem Vorgesetzten. Bieten Sie Ihrem Chef Rat an, wenn Sie darum gebeten werden oder wenn Sie fühlen, dass er ihn wünscht. Wichtige und sachliche Information sollten Sie auch ohne Aufforderung mitteilen. Oftmals können Sie Ihren Chef bei seiner Entscheidung wesentlich beeinflussen. Denken Sie jedoch daran, dass seine Entscheidung Gründe haben kann, die Sie nicht kennen.

Register

DANK

BILDNACHWEIS

u = unten, *m* = Mitte, *l* = links, *r* = rechts, *o* = oben

Tony Stone Images: Umschlagvorderseite *ol*, 4–5, 49*ur*, 59*ul*, 60*ul*, 61*or*

ÜBER DEN AUTOR

Tim Hindle ist Wirtschaftsjournalist und Gründer von »Working Words«, einer Beratungsfirma in London, die sich auf Unternehmenskommunikation und Marketing spezialisiert hat. Seit 1979 schreibt er für die Zeitschrift *The Economist*, zwischen 1994 und 1996 war er Herausgeber von *Euro Business*. Tim Hindle ist Autor mehrerer Bücher; in der Reihe *Basiswissen Fit im Job* erschienen von ihm *Erfolgreich verhandeln* und *Erfolgreich präsentieren*. Bei Dorling Kindersley liegt außerdem vor: *Erfolgreiches Management – Das Praxishandbuch* (gemeinsam mit Robert Heller).